비트겐슈타인의 사자와
카프카의 원숭이

철학자의 시선으로 바라본 동물과 인간의 세계

비트겐슈타인의 사자와 카프카의 원숭이

라르스 스벤젠 지음 김강희 옮김

Understanding
Animals

21세기북스

내게 동물을 이해하는 법을 가르쳐준
카리 핸들러 스벤젠(1944-2017)에게

아마추어의 시선으로
동물을 변호하다

　　반려동물을 기워본 사람이라면 동물이 세상을 어떻게 인
식하는지, 개와 고양이의 세계는 어떤 느낌일지 궁금한 적이
있을 것이다. 개나 고양이가 자서전을 써서 이런 것을 알려줄
리는 만무하다. 나는 숲길에서 무스나 여우·토끼와 마주칠 때
면 그들이 나를 어떻게 생각할지 늘 궁금했다.

　　독수리가 하늘을 활공하고 범고래가 바다를 가르거나 문
어가 해저 바닥을 걷는 다큐멘터리를 볼 때는 그들의 의식으
로 들어가면 어떤 느낌일지 상상해보기도 했다.

　　미국의 생물학자 스티븐 제이 굴드는 "1분간, 단 1분 동안
만 이 생명체의 몸속에 머물 수 있게 해달라. 이 생명체의 지
각기관과 사고기관에 나를 단 60초 동안 집어넣는다면 수 세
기 동안 박물학자들이 알아내려고 애썼던 것들을 단박에 알

수 있을 것"[1]이라고 했다.

굴드가 애통하게 말했듯 이는 불가능한 일이다. 우리는 이 생명체들을 겉에서 간접적으로 관찰하고 연구하는 것밖에 할 수 있는 게 없다. 그들의 의식에서 실제로 무슨 일이 벌어지고 있는지, 이런저런 동물의 세계에 처해 있는 것이 어떤 기분일지 궁금증에 휩싸인 채 바라보는 수밖에 없다.

이 책은 동물에 관한 책이 아니라 사람에 관한 책이다. 우리 인간도 동물이지만 다른 동물에게는 없는 별의별 특성을 다 가진 동물이라 해야 할 것이다. 이 책은 인간이 인간이 아닌 동물을 이해하는 데 얼마만큼의 가능성이 있는지 생각해본 책이라 할 수 있겠다. 한마디로 비전문가의 시선으로 바라본 동물을 변호하는 글이다.

나는 평범한 사람이 동물과 접하며 얻은 경험도 과학적인 관점과 마찬가지로 타당하고 통찰력 있는 시각을 제공해준다고 생각한다. 그렇다 해도 경험보다는 과학적 사실에서 더 배울 점이 많을 것이다. 이를테면 어떤 동물의 진화학적 배경을 알면 동물의 행동을 설명해줄 근거가 되므로 그 동물을 이해하는 데 도움이 된다. 그래서 이 책에도 과학적 자료를 풍부하게 실었다. 하지만 생물학이나 동물학 분야 학자들도 아마추어의 시선으로부터 배울 것이 있다고 생각한다.

'아마추어(Amateur)'는 어원 자체가 라틴어 '사랑하는 사람(Amator)'에서 유래한 말인데, 내가 아마추어의 관점을 이야기하는 것은 애정을 가지고 동물을 바라보는 시선 자체에 동물과 거리를 둔 사람은 보지 못하는 뭔가를 볼 힘이 들어 있어서다. 마르틴 하이데거는 사랑이 우리 눈을 멀게 하는 게 아니라 오히려 사랑하지 않으면 볼 수 없는 것들을 우리가 보게 해준다고 역설했다.[2]

이 책은 해석학적 접근법으로 동물에 접근하는데 해석학적 전통에 대해 잘 아는 사람이라면 이상하다고 여길지 모른다. 해석학은 동물이란 이해할 수 있는 게 아니라 단지 설명할 수 있다고 보고 동물을 이해의 영역 밖에 세워두기 때문이다. 따라서 나의 목표는 동물을 해석의 방법론인 해석학 속으로, 즉 전통적으로 동물을 배제시켜왔던 영역 속으로 끌어들이는 것이다.

동물의 정신세계를 대상으로 한 연구라고 하면 침팬지와 비둘기 연구가 대부분이다. 고양이와 개에 관한 연구는 이보다 훨씬 적지만 이 둘은 문학작품에서만은 지치지 않고 등장하는 단골손님이다. 일상에서 가장 가깝게 지내는 동물이다 보니 이 책에는 고양이와 개가 많이 등장한다. 유전학적으로나 진화학적으로 인간과 가까운 동물은 침팬지겠지만 다행스럽게도 집에서 침팬지를 키우는 사람은 거의 없다. 손가락이 무사한 연구자들로 말할 것 같으면 고양이나 개를 연구하는 사람이 침팬지 연구자보다 그 비율이 월등히 높을 것이다. 우리 삶에 더 편안한 존재는 아무래도 침팬지보다 개와 고양이다.

이 책을 쓰면서 우리 집 반려견과 반려묘를 관찰한 결과를 제법 담았다. 수년 동안 같이 살면서 눈빛만 봐도 아는 존재이니 말이다. 반려견 루나, 반려묘 라세와 가이르가 자주 얼굴을 내밀 예정이다.

다른 종의 동물도 다룬다. 제목이 '비트겐슈타인의 사자와 카프카의 원숭이'인 만큼 어디까지 이해를 확장할 수 있는지 시험해볼 필요가 있다. 그래서 의식이 발달한 자이언트태평양문어에도 관심을 기울이려고 한다. 하지만 인간과 달라도 한참 다른 생명체를 다루는 일은 여간 힘든 게 아닐 것이다. 문어를 이해하는 것은 외계인을 이해하는 것과 비슷할지 모르겠다.

외계의 지적 생명체를 찾기 위한 일련의 활동인 SETI 프로그램의 모토는 '우리 외에 누구 없습니까?'다. 정확히 말하면 우주에 지적 생명체로 존재하는 생명체가 인간 외에 또 존재하는가 하는 물음이다. 이 질문에 돌아온 답은 아직까지 명백하게 **없다!**

나는 외계 행성에 지적 생명체나 그 비슷한 무엇이 존재하는지 알 수 없을 거라는 불가지론자적인 입장이다. 우리의 행성인 지구에는 **호모 사피엔스 사피엔스**뿐 아니라 많은 지적 생명체가 존재한다.

이 글을 별장에서 쓰고 있다. 몇 주간 누구한테도 방해받지 않고 쓸 작정으로 짐을 꾸려 이곳에 자리를 잡았다. 완벽하게 홀로 방해받지 않고 있는 건 아니다. 이곳에 의식이 있는 **두 존재(개체)**가 함께 있다. 나와 반려견이다. 우리는 때때로 산책을 하고 수다를 떨기도 한다.

영화 〈캐스트 어웨이〉에서 무인도에 홀로 불시착한 주인공이 배구공에 얼굴을 그리고 윌슨이라 부르며 외로움을 달랬던 상황과는 엄연히 다르다. 배구공은 의식이 없지만, 반려견 루나는 의식이 있다. 루나가 **지적인 생명체**의 한 사례라는 사실은 확실하다. 하지만 '나 자신이 속한 종과는 아주 다른 이 지적 생명체의 변이체를 **이해할** 수 있는가'라는 의문을 지울 수 없다. 한마디로 말해 나는 루나를 이해할 수 있을까? 루나로 사는 것이 어떤 것인지 알 수 있을까?

이 책은 인간과 동물의 관계를 **철학적으로** 분석한 책이다. 인간과 동물의 관계에 관해 생각할 때 이 책에 담긴 철학적 관점을 수긍하고 활용할 수 있게 된다면 더할 나위 없겠다.

비트겐슈타인은 "철학을 한다는 것은 자기 자신을 연구하는 것이다. 자신이 가지고 있는 고유한 신념을. 자신이 세상을 바라보는 방식을. 이런 것들로부터 무엇을 얻을 수 있는지를"[3]이라고 했다.

자기 자신을 향한 이런 깊은 성찰은 누구도 대신할 수 없다. 나는 독자들에게 '정답'을 주기보다 이 책이 아니었으면 지나쳤을 부분을 스스로 발견하기를 또한 생각하지 않은 채로 머물렀을 것들을 생각하는 계기가 되기를 바란다.

Contents

1장 비트겐슈타인의 사자와 카프카의 원숭이

'사자가 말을 할 수 있더라도 우리는 사자를 이해할 수 없을 것'[4]이라는 비트겐슈타인의 주장은 언뜻 들으면 고개를 갸우뚱하게 된다. 우리는 동물이 말을 할 수 있다면 그 동물을 잘 알 수 있다고 생각한다. 사자의 행동을 토대로 사자의 생각을 유추하는 대신 어떤 존재인지 입으로 직접 들을 수 있어서다.

이 주장을 통해 비트겐슈타인이 궁극적으로 전하려는 생각은 무엇인가. 그는 사자가 어떤 언어를 쓴다고 가정한 것일까? 독일어 아니면 영어? 혹은 '사자어?' 사람이 알아듣지 못하는 '사자어'를 쓴다고 가정하면 사자와 말이 통하지 않을 것은 두말할 필요도 없다.

비트겐슈타인의 말을 달리 표현하면 '마사이족이 어떤 말을 한다 해도 당신은 그가 하는 말을 이해하지 못한다'가 된다. 나는 마사이어를 잘 알지 못하므로 당연한 얘기다. 하지만 비트겐슈타인이 하려는 말이 '우리가 모르는 말을 알아듣지 못한다'라는 동어반복적인 주장일 것 같지는 않다. 그 이상의 뭔가를 말하려는 것처럼 보인다.

그는 정확히 인간의 세계와 동물의 세계 사이의 깊은 간극을 말한 것이다. 그 간극은 해독이 불가능할 정도다. 이해를 돕기 위해 사자가 영어와 똑같은 어휘와 문법으로 구성된 언어를 쓴다고 가정해보자. 그렇다 해도 비트겐슈타인은 동물과 인간이 서로를 이해할 수 없는 것은 마찬가지라고 말한다. 지금껏 말을 하는 동물은 없었다. 그러니까 그 말이 사람처럼 말하는 그런 말을 의미한다면 말이다. 인간 말고는 어떤 동물도 사람처럼 말할 수 없다.

지금껏 내가 교감했던 동물은 전부 말을 하는 동물이었다. 말을 하지 못하는 동물은 나와 직접 관계가 없는 동물이었다. 내가 그 말을 알아듣고자 애썼던 동물은 나와 마주했을 때 한결같이 언어를 구사했다. 말을 하는 쪽은 나다. 그 동물이 무슨 생각을 하는지 알려고 애쓸 때, 나는 그 동물이 말하는 투로 내가 짐작한 바를 입 밖으로 내었다.

나도 그 동물에게 내가 하고 싶은 말을 건넸다. 사람이 말을 알아듣듯이 그 동물이 내가 말한 문장을 알아들을 거라고 기대해서가 아니라 내가 의사소통하는 방법이어서 그렇다. 비록 애매한 감정이나 원시적인 명령일지라도 이런 말을 통해 나는 뭔가를 알아듣고 전달하는 데 가까스로 성공하는 듯싶다.

비트겐슈타인이 인간과 동물은 근본적으로 다른 존재임을 말하고자 한 것이라면 우리는 그 차이의 근원은 무엇인지, 언제 그 차이가 나타나는지 의문을 품어야 한다. '네안데르탈인이 말을 할 수 있더라도 우리는 그를 이해하지 못할 것'이라고 말하면 어떨까 싶다. 대체로 말을 하는 네안데르탈인을 떠올리면 우리와 말이 통하는 존재라 생각한다. 그리고 우리는 이 사람들을 '인간'으로 분류할 것이다.

하지만 네안데르탈인은 현생 인류와 다른 존재였고 특히 뇌가 우리보다 컸다. 더 많은 면적을 시력에 이용하다 보니 당연히 우리보다 시력이 뛰어난 반면 사회적 지능은 우리에 비하면 보잘것없는 수준이었을 것이다.

우리는 언제 '인간'이 된 것일까? 인류 진화의 긴 역사 중 어느 시점을 'X가 말을 하더라도 우리가 그 말을 알아듣지 못할' 시점이라고 단언할 수 있을까?

마지막 빙하기 동안 우리의 조상들이 사용했던 기하학적

기호를 보면, 지금 우리가 그 의미를 이해할 수 있는 것들이 극히 적다는 사실을 인정해야 한다.[5] 황소와 여러 동물을 그린 뛰어난 스케치들은 그리고자 하는 대상이 무엇인지 쉽게 알 수 있어서 그 그림들이 전하는 의미도 잘 안다고 생각한다. 하지만 이 이미지들의 의미를 우리가 많이 안다고 할 수는 없다. 당시 사람들의 삶에서 이 그림들이 어떤 역할을 했는지 아는 바가 거의 없으니 말이다.

연구를 통해 추려낸 32개의 기하학적 기호로 국한해 살펴보면 무엇을 묘사한 것인지 알 수 없어 아리송하다. 뭔가 의미가 담긴 그림이라는 것은 즉각 알 수 있어도 과연 어떤 의미일까? 이 기호를 남긴 사람들에 대해 우리가 아는 것은 아주 제한적이다. 어떤 옷을 입고 어떻게 사냥을 했는지, 어떤 식으로 악기를 사용했으며 시신은 어떻게 매장했는지 정도다.

이런 행동과 기하학적 기호의 사용이 어떻게 관련 있는지는 알 수 없다. 타임머신을 타고 과거로 갈 수 있다면 저 기호를 그린 사람들과 상호작용하는 과정을 통해 그들의 삶의 방식을 알아가며 차차 이해할 수 있을 것도 같다. 이런 식으로 그들의 문화에서 저 기호들이 어떤 역할을 했는지도 말이다.

비트겐슈타인은 다른 문화권의 사람들이 서로를 어떻게 이해할 수 있는지 설명할 때 '인류 공통의 행동'이라는 개념을 언급했다.[6] 그런데 인간과 동물 사이에도 어느 정도의 의사소통을 가능하게 하는 공통된 행동이라는 것이 존재한다. 비트겐슈타인은 사람들이 문화적 차이로 인해 서로를 이해하지 못한다는 점에도 주목했다. 두 집단이 동일한 언어를 쓴다고 꼭 서로를 이해할 수 있는 것도 아니다. 비트겐슈타인은 사자에 관한 글 앞쪽에 이렇게 썼다.

우리는 어떤 사람들에 대해 선명하게 이해할 수 있다고 말한다. 하지만 한 인간은 다른 인간에게 철저히 수수께끼일 수 있다는 사실이 중요하다. 외국에 갔을 때 낯선 전통을 맞닥뜨리면 우리는 이 사실을 알게 된다. 여기서 중요한 점은 우리가 그 나라 말을 완벽하게 구사해도 마찬가지라는 것이다. 우리는 그 사람들을 이해하지 못한다. 그 사람들끼리 하는 말을 알아듣지 못해서가 아니다. 그들에게 익숙해질 수 없다.[7]

그들의 어떤 부분, 특히 우리와 그들이 똑같이 하는 어떤 행동들은 이해가 가능할 수 있다. 하지만 상대의 삶의 양식에는 우리가 간파할 수 없는 측면도 있을 것이다. 사람과 동물 간에도 왜 다르겠는가. 먹거나 쉬는 것과 같이 인간과 사자가 공통으로 하는 활동을 이해하는 것은 불가능하지 않다. 심지어 사자와 공유하지 않는 행위 가운데서도 우리가 이해할 수 있는 행동도 있을 수 있다.

나는 가젤을 잡아먹으려고 뒤에서 살금살금 다가가 본 적이 없지만 이런 행동을 이해하는 것은 어렵지 않다. 우리는 "사자가 말을 할 수 있더라도 우리는 사자가 하는 말을 전부 이해하지 못할 것이다" 혹은 "사자가 말을 할 수 있더라도 우리는 사자가 했던 말의 일부를 이해했을 것이다"라고 말해야 한다. 그러나 이 중 어느 쪽도 비트겐슈타인의 핵심을 담지는 못한다.

인간과 동물을 구별 짓는 것이 단지 언어일까? 언어를 가지면 모든 것이 달라져 사람과 똑같이 말할 수 있게 된 사자는 더는 사자의 의식을 갖지 않게 될 것이다. 그렇게 되면 사자는 더는 사자가 아니다. 아마도 사자가 말을 할 수 있다면 사자는 자신을 이해하지 못했을 것이다. 아니 더 정확히는 "사자가 말을 할 수 있다면 그 사자는 평범한 사자가 어떤 존재인지, 말을 할 수 없다는 것이 어떤 상태인지 이해하지 못했을 것이다"라고 말해야 하리라.

비슷한 상황을 카프카의 단편소설 〈학술원에 바치는 보고(1919)〉에 나오는 주인공 **빨간 피터**의 모습에서도 찾아볼 수 있다.[8] 사람처럼 말할 수 있게 된 원숭이 빨간 피터는 독일 학술원으로부터 살아온 이야기를 해달라는 요청을 받는다. 학술원 회원들은 피터가 언어를 습득하기 전 자연 상태에서 원숭이로 살았던 시절의 이야기를 들을 수 있다는 사실에 흥분을 감추지 못했다.

그러나 빨간 피터는 인간의 말과 행동을 배우는 과정에서 원숭이로 살았던 시절의 기억을 잊어서 자연 상태에 관해서는 보고할 수 없다고 고백했다. 다시 말해 원숭이로 살아가는 것이 어떤 삶이었는지 잊은 것이다. 기억하는 것이라곤 생포되어서 지금과 같이 예능인으로 성공해 담배를 피우고 와인을 마시며 평범한 사람처럼 말하기까지 지내온 시간뿐이었다.

카프카 이전에도 철학자들은 원숭이가 말을 할 가능성을 생각했다. 칸트는 인간이 언어를 쓰는 능력을 보유한 유일한 존재지만 지금처럼 놀라운 진화가 이어진다면 인간 외에도 언어와 지적 능력을 가진 존재가 등장할 수 있고, 침팬지와 오랑우탄 또한 말하고 이해하는 능력을 획득할 수 있다고 내다봤다.[9]

쥘리앵 오프루아 드 라메트리는 프랑스 계몽주의 시대에 이름을 날렸던 유물론자로 의사이자 철학자다. 그는 1748년에 집필한 저서 《인간 기계론》에서 원숭이는 훈련을 통해 언어를 배울 수 있으며, 그렇게 됐을 때 이 원숭이는 '야생동물'이나 열등한 인간이 아니라 다른 모든 인간과 같은 인간일 것이라고 주장했다.[10] 언어를 가장 중요한 요소로 본 셈이다.

빨간 피터가 학술원에 보고하던 시점은 강에서 물을 마시던 그가 사람들에게 잡혀서 우리에 갇힌 채 독일로 옮겨진 지 5년이 흘렀을 때였다. 당시 배를 타고 이동하면서 빨간 피터는 생각할 시간이 많았는데, 가만 보니 배에 탄 사람들은 불편하기 짝이 없는 우리에 갇힌 자신과 달리 자유롭게 돌아다니고 있었다. 자신도 인간과 비슷하게 행동하면 자유가 주어지리라 생각했다. 빨간 피터는 인간 흉내를 냄으로써 인간이 되고 싶었다. 그것은 놀랄 만큼 쉬운 일이었다.

인간이 악수하면 그 모습을 따라 했다. 침 뱉는 법도 배웠는데 식은 죽 먹기였다. 담배를 피우고 술을 마시는 것은 어렵기는 했지만 못할 정도는 아니었다. 증류주 1병을 단번에 들이킨 어느 날, 무언가 변화가 일어났다. 느닷없이 "안녕하세요!" 하는 외침이 목에서 터져 나왔다. 빨간 피터가 인간의 언어를 사용하기 시작함으로써 인간과 동물 사이의 벽을 허물고 인간계의 일원이 된 것은 그 순간이었다. 인간이란 고작 말하는 원숭이이기도 했던 것이다.

5년이 지나는 사이, 빨간 피터는 엄청난 변화를 겪었다. 그로 인해 '원숭이다움'은 그의 보고를 들으려고 모인 청중한테 '원숭이다움'이 낯선 것만큼이나 낯설게 되었다. 말하는 원숭이가 되고 인간이 됨으로써 빨간 피터는 '말하지 못하는 원숭이의 삶'이 어떤 것인지 알 수 없게 되었다.

요컨대 말하는 사자가 더는 사자가 될 수 없듯이, 말하는 원숭이는 원숭이가 아니었다. 비트겐슈타인의 사자는 우리 인간이 이해할 수 없는 존재였지만, 카프카의 원숭이는 우리 편이 되는 바람에 자기 자신을 이해할 수 없게 되었다. 그렇다면 현실 세계에서 '말하는' 원숭이의 가능성은 얼마나 되겠는가.

──── 2장 말 못 하는 동물이
내게 말을 거는 법

동물에게 언어를 가르치려고 했던 시도는 침팬지를 연구하는 과정에서 자연스러운 일이었다. 침팬지는 언어를 습득하는 데 필요한 조건을 가장 잘 갖춘 동물 1순위로 꼽혔다. 침팬지 뇌는 인간에 비해 크기는 매우 작지만, 인간의 뇌에서 언어를 담당하는 영역이 존재한다.

맨 먼저 인간은 침팬지에게 음성 언어를 가르치려고 했다. 하지만 침팬지는 신체적 조건상 인간 같은 언어 구사 매커니즘이 존재하지 않아서 성공하지 못했다. 다음으로 수화를 가르치려고 했다. 침팬지 워쇼가 처음으로 어렵사리 성공했다. 그후 여러 침팬지와 고릴라, 오랑우탄이 성공 대열에 합류했다. 그 밖에도 침팬지에게 여러 가지 다른 그림이 그려진 키를 누

르게 해서 상호작용을 유도하는 시도도 했다.[11]

이렇게 '말하는' 유인원 가운데 가장 유명해진 유인원을 꼽으면 5년간 132가지 수화를 배우는 데 성공한 워쇼와 3년 6개월 동안 125가지 수화를 익힌 님, 4년간 250가지 수화를 익힌 고릴라 코코를 들 수 있다.

수화를 익힌 침팬지들은 다른 침팬지와 의사소통할 때 인간이 보고 있지 않아도 수화를 사용했다. 이 정도의 성취가 어떤 의미인지 가늠하기 위해 어린아이와 비교해보면 아이는 생후 24개월 무렵 매일 10개의 단어를 배운다. 유인원에게 수화와 상징을 사용하도록 가르치는 일은 여간 힘겨운 일이 아니지만, 어린아이는 이를 수월하게 빠른 속도로 해낸다.

영장류가 수화를 사용해서 전달한 말은 어떤 것일지 궁금한가. 지금껏 어떤 유인원도 수화를 통해 유인원으로 사는 심경에 대해 의미 있는 이야기를 한 적은 없었다. 그들은 대개 수화로 음식과 마실 것을 달라고 표현했다. 놀자거나 안아달라는 말도 자주 했다.

워쇼와 코코, 그 밖의 영장류는 상대적으로 많은 양의 수화를 배우는 데 용케 성공하고 자기들끼리 수화로 대화를 나눌 수 있었으나 끝내 문법을 이해하지는 못했다.

개·쥐·비둘기 같은 종도 어떤 신호와 불빛 또는 움직임

같은 동작을 연결하는 것을 배우는 데 성공했는데, 이러한 연상 학습과 워쇼·코코가 쓰는 유인원의 수화 언어는 질적으로 크게 차이를 보이지는 않는다. '언어를 쓰는' 유인원이 하는 말을 들여다보면 "음식 가져다줘" "오렌지 줘" "바나나 줘" 같은 말이 대부분이다.

말하는 유인원 대열에서 스타였던 님은 월등하게 긴 연속 문장을 만들기도 했다. "오렌지 줘 내게 줘 먹을래 오렌지 내가 먹을래 오렌지 내게 줘 오렌지 내게 줘 네가."[12] 인간과 비교하면 2살짜리 어린아이도 명사·동사·전치사 등을 문법적으로 바르게 활용한다. 눈앞에 있는 것이 아닌 어떤 것에 대해 말하는 것도 가능하다.

그렇다면 유인원이 뭔가를 요청하기 위해 수화를 쓰는 것이 무슨 의미인지 궁금해진다. 수화가 아니라도 자기가 원하는 것을 요청할 수 있어서다. 어쩌면 유인원의 수화는 바나나를 달라고 버튼을 누르거나 손잡이를 당기는 것과 별반 차이가 없을 수 있다. 우리가 완전한 언어 사용자라고 생각하는 모습과는 거리가 있는 셈이다.

많은 연구자가 자신이 직접 훈련시킨 동물은 다르다는 주장을 펴기도 한다. 삶과 죽음을 자세히 묘사하기도 하고 농담을 하는 등 훨씬 고차원적인 말을 할 수 있다고 말이다. 하지만 다른 연구자들이 진위를 조사해보면 수화를 통해 동물이 실제 말한 내용과 그 훈련을 담당한 연구자의 해석 사이에 큰 차이가 있음이 밝혀졌다. 지나친 확대 해석이 많았다는 얘기다.

훈련에 관여하지 않은 독립적인 연구자들의 연구에서는 동물의 의미 있는 손짓과 손짓을 조합하는 일이 훨씬 적다. 어쩌면 이는 독립적인 연구자들이 그 동물을 잘 알지 못하고, 그 결과 그들의 말을 제대로 해석할 사전정보가 없었던 탓이라고 말할 수 있다.

동물이 하는 수화는 해석이라는 작업을 거쳐야 이해할 수 있다. 하지만 동물이 수화로 실제 의사소통한 내용이 문자 그대로 이해되지 않아서 메시지를 말이 되게 만들기 위해 더 많이 확대 해석해야 할수록 이 메시지는 동물이 원래 수화를 사용해 전달하려던 메시지가 아니라 해석하는 사람이 만든 의미일 가능성이 크다.

동물이 수화를 잘못 사용한 것 같을 때 직접 가르친 연구자는 독립된 연구자보다 그 의미를 바꾸거나 다른 유사한 의미로 해석하려는 의지가 강했다. 한때 논쟁거리가 되기도 했던 고릴라 코코의 사례가 해당한다. 코코가 조금 비협조적이던 어느 날, 물을 마시는 수화를 해보라는 요구에 딴청을 피우다 입 대신 귀를 가리켰다. 코코를 가르쳤던 연구자는 이를 농

담으로 해석한 반면 다른 연구자는 단순한 실수로 보았다. 이렇게 우호적으로 해석할수록 그 동물이 언어를 의미 있게 터득했다고 보기 어렵게 된다.

동물 상당수가 사람이 음성으로 하는 말은 꽤 알아듣는 모습을 보이기도 하지만 역시 이 같은 결과는 회의론자의 비판에 부딪힌다. 음성 메시지를 발화한 사람이 그 동물과 매일 상호작용하고 교육시킨 당사자라는 문제 때문이다. 즉 사람들이 요구하는 행동을 동물이 할 수 있는 것은 그들이 언어를 이해해서가 아니라 신체적 몸짓에서 힌트를 얻어서라고 볼 수 있다. 이러한 힌트는 해당 연구자들이 알아차리지 못하는 부분일 수 있다. 그렇지만 동물이 친근하게 여기는 연구자들을 참석시키지 않고 이 같은 실험을 하는 것은 극도로 어렵다.

유인원이 언어를 사용하는지 혹은 어떻게라도 언어를 배울 능력이 있는지 지금까지 광범위한 논의가 있었다. 이 문제에 관해 의견의 일치를 보기는 어렵겠지만 아무래도 유인원이 언어를 소유하지 못한다는 쪽, 적어도 언어학자들이 일반적으로 언어라고 부를 만한 수준에 이를 수는 없다는 쪽으로 무게가 실리는 듯하다.

몇몇 동물이 다양한 신호를 익혔지만 이는 3살짜리 아이가 할 수 있는 수준보다 적었다. 유인원의 의사소통은 대단히 흥미롭지만 그 범위는 제한적이었다. 많은 양의 수화와 부호를 익힌 가장 뛰어난 능력을 보인 유인원조차 기초 문법을 배우는 데 실패했다.

침팬지가 위대한 소설을 쓰는 일은 일어나지 않을 것이다. 어쩌면 먼 훗날 침팬지의 후예 하나가 쓸 수 있을지 모르지만, 그 정도로 진화를 거친 존재라면 그는 더 이상 침팬지가 아닐 것이다.

동물에게 언어가 존재하는지에 관한 질문에 답을 하기는 쉽지 않다. 어떤 것을 언어라고 하기 위해서 갖춰야 할 요건을 무엇으로 보느냐에 따라 그 답은 달라진다. 언어를 넓은 개념으로 보고 '언어'가 '의사소통'과 거의 같은 말이라고 보는 입장에서는 상당수 동물이 소통하는 것이 분명하므로 대부분 동물이 언어를 쓴다고 말할 수 있다.

오스트리아의 생태학자 카를 폰 프리슈는 1973년 꿀벌이 춤을 통해 서로 의사소통을 하며 심지어 꿀벌에 따라 '사투리'도 존재한다는 사실을 밝힘으로써 노벨상을 받기도 했다. 그러나 좁은 의미로 언어를 정의하고, 순환적인 구조일 때만 언어로 성립될 수 있다는 시각을 가진 학자라면 동물에게는 언어가 존재하지 않는다고 말할 가능성이 크다. 순환적이라는 말은 "반려견이 내 생각을 알고 있다고 생각한다는 것을 나는 알고 있다" 같은 구절이 문장에 포함되는 경우를 가리킨다.

언어학자 촘스키와 생물학자 마크 하우저, 테쿰세 피치는 순환적인 구조는 오직 인간의 의사소통에서만 발견된다는 주장을 영향력 있는 학술지에 게재했다.[13]

이 견해에 비판적인 학자들은 새소리를 비롯해 다른 종에서도 이런 구조를 찾아볼 수 있다고 지적하려 했지만, 다른 동물 가운데 순환적인 구조를 사용하는 의사소통 체계를 갖춘 경우는 거의 발견되지 않았다.

무언가가 언어로 성립하기 위해 이러한 구조를 반드시 갖춰야 한다고 본다면, 이 관점에서는 오직 인간만이 언어를 소유한 동물이 될 것이다. 언어가 되기 위한 필요충분조건을 모두 제시할 수는 없겠지만 나는 언어를 정의하는 데 엄격하게 제한을 두어야 한다는 입장에 가까운 편이다.

그렇다 해도 동물의 의사소통을 '언어'로 간주할 것인지 아닌지가 그렇게 중요한 문제일까? 동물이 서로 의사소통을 한다는 것은 부정할 수 없는 사실이다. 다른 종들도 감정과 의도를 자신들끼리 또 인간을 향해서 전달하는 능력이 있다. 동물은 같은 종끼리 혹은 다른 종끼리 커뮤니케이션한다.

가젤은 사자가 살금살금 다가오는 것을 눈치채면 공중으로 껑충 뛰어오른다. 이 행동은 사자가 다가오는 것을 자신이 알고 있으며 온다 해도 자신을 잡지 못함을 알려주기 위한 행동이라고 한다. 그렇게 하면 그들 모두 소득이 없을 사냥에 많은 에너지를 쏟는 걸 피할 수 있게 된다.

반려견 루나는 분명하게 내게 배고프다, 먹을 것이 필요하다, 쉬가 마렵다, 산책하자, 무섭다, 지켜달라는 등의 의사 표시를 한다. 특히 식구 중에 누가 집에 오면 뛸 듯이 좋아한다. 그럴 때면 낮게 으르렁거리는 소리에서 밝고 높은 톤으로 이어지는 특유의 '워워워워워우--- 우어---어'를 반복적으로 낸다. 루나가 이런 소리를 내며 드럼 스틱을 내리치듯 꼬리를 흔든다면 기분이 좋은 상태다.

이 소리에는 주체할 수 없는 반가움이 담겨 있다. 동시에 상징을 사용하지는 못한다는 점에서 제한적인 의사소통 기술이다. 최대한 관대하게 해석하면, 집에 누가 왔을 때 루나가 소리를 내는 장난감 새 정도를 집어왔다고 해서 기쁨을 표현하는 상징물이라고 할 수 있을지 모르겠지만 이는 약간 억지스럽다.

지구상에 인간이 가진 언어적인 능력을 똑같이 보유한 동물은 없다. 동물은 우리보다 훨씬 작은 언어 사용역을 갖고 있다. 사용역은 특정 상황이나 특정 집단에서 사용하는 언어 양식을 말하는데, 누군가 동물은 사람에게 없는 언어 사용역이 있다고 주장할지 모른다. 그 말 자체는 틀린 말이 아니지만, 동물 간의 의사소통은 그 순간 앞에서 일어나는 일들로 국한된다는 점이 다르다. 반면 인간은 과거와 미래에 관해서도 얼마든지 생각을 주고받을 수 있다.

나는 어린 시절 사건이나 지난여름 휴가 때 있었던 일을 이야기할 수 있으며, 여름이 끝날 때쯤 베이징에 간다는 등 아직 일어나지 않은 일들도 말할 수 있다. 반면 동물의 의사소통은 그들과 직접 관련 있는 주변 상황으로 제한된다. 동물의 의사소통 공간은 지금, 이곳에서만 이뤄지는 셈이다.

동물이 생각과 감정을 잘 표현하는 존재라는 사실은 분명하다. 모든 동물이 다 그렇다고 할 수는 없지만 대체로 그런데, 표현 형태는 제각기 다르다. 고양이는 개와 비교해 표정이 풍부하지 않은 편이지만, 소리나 얼굴이 아닌 다른 신체를 이용해 의사소통한다.

동물의 이러한 표현은 다른 자연물과는 전적으로 다른 느낌으로 감흥을 불러일으키며 반응을 유도한다. 사람으로 말할 것 같으면, 인간은 엄청나게 풍부한 표현 목록을 타인과 공유하고 있어 다른 사람이 표현하는 것을 쉽게 이해할 수 있다. 심지어 언어가 다르거나 언어가 존재하지 않는 상황에서도 그렇다.

아버지가 수 주 동안 인공호흡기를 달고 있어 말을 할 수도, 글자를 쓸 수도 없었던 적이 있었다. 그때도 나는 아버지의 의사를 대부분 파악할 수 있었다. 갈증이 나는지, 통증이 있는지 혹은 혈전을 예방하려고 신은 양말이 조이지 않는지 등의 상태를 말이다.

인간은 많은 동물과도 의미 있는 표현의 목록을 공유한다. 그런데 우리는 어떤 동물의 행동을 보고 머릿속에서 이 행동이 가리키는 것들이 정리된 해석 차트를 뒤적여 동물의 마음을 아는 게 아니다. 이해 과정을 분석해보면 3단계를 거치겠지만 동물을 이해하는 순간 실제 겪는 경험은 기계적으로 이뤄지지 않는다. 인간이 타인의 행동을 이해하는 과정도 같은 식의 단계를 거칠 것이다. 동물의 마음 상태를 파악하는 것은 지극히 즉각적인 차원에서 일어난다. 특히 우리가 잘 아는 동물일 경우에는 더욱 그렇다.

동물이든 사람이든 우리가 그 마음 상태를 짐작할 때 오류가 없을 수는 없으므로 즉각적 이해라는 동물 이해의 특성을 100% 오류가 없다는 뜻으로 이해해서는 안 된다. 어떤 대상을 이해하는 데는 늘 오해의 소지가 상존한다. 그런데 그 대상이 동물이든 사람이든 우리가 이해하려는 대상과 함께 오래 있었을수록 잘못 판단할 가능성은 내려간다. 반대로 우리와 표현 목록을 많이 공유하지 않는 동물이라면 그렇지 않다. 태평양문어가 좋은 사례다.

문어는 폭발적으로 많은 신호를 보여주지만 우리는 그 몸짓에서 의미 있는 단서를 찾기 어렵다. 어쩌면 우리가 파악하지 못하는 중요한 신호가 존재할 수 있겠지만 이해할 만한 것이 처음부터 없었을 수 있다.

문어는 그저 환상적인 몸 색깔의 변화를 보여주는 건지 모른다. 그럼에도 동물의 행동이 뭔가를 표현하는 행동이라고 가정해야 원칙적으로 이 행동이 표현하는 마음의 상태가 무엇인지도 알 수 있다고 해야 할 것이다.

많은 철학자는 언어와 사고가 매우 밀접한 관계가 있다는 것을 알고 언어 능력을 사고하기 위한 필요충분조건으로 생각해왔다. 역으로 언어 기능이 떨어지면 사고 능력도 떨어진다는 충분조건 관계로 둘의 관계를 파악해왔다. 이런 이유로 일부 철학자는 언어의 형태를 가진 컴퓨터 언어로 작동하는 컴퓨터가 동물보다 사고 능력을 더 많이 갖췄다고 보기까지 했다.

수많은 동물이 의식이 있다는 것과 생각하는 능력이 있다는 것을 우리에게 똑똑히 보여주고 있는 데다 나로서는 컴퓨터가 이런 능력이 있는지 의문이 들어서 이 추론은 터무니없어 보인다. 자연 언어를 써야만 사고할 수 있다는 말이 참이라면 이는 자연 언어를 갖지 못한 존재는 모두 생각할 수 없다는 의미가 된다.

유아나 많은 동물이 생각한다는 것을 명백하게 보여주고 있으므로 언어가 사고를 위한 전제 조건이라는 논지를 의심하는 것이 이치에 맞다. 언어를 다양한 형태의 사고를 위한 전제 조건으로 보는 것과 모든 종류의 사고를 위해 필요한 전제 조건으로 보는 것은 완전히 다르다.

지금까지 철학자들은 언어의 중요성을 과대평가하는 경향을 보여왔다. 예상과 달리 우리가 생각하는 언어를 쓰지 못하는 생물체에서도 수준 높은 사고를 관찰할 수 있었다. 침팬지 집단을 생각해보자. 침팬지 사회는 위계질서, 연합 같은 복잡한 사회적 체계가 작동하며 각 침팬지는 이 체계 속에 자리한 지위에 맞게 신중하게 행동한다. 이렇게 복잡한 체계 속에서 적절하게 처신해 나가는 침팬지의 행동이 사고의 작동 없이 조금이라도 가능할까?

언어는 사고하기 위한 수단, 그것도 강력한 수단이다. 그렇다고 해도 유일한 수단은 아니다. 인간은 다른 동물이 갖지 못한 언어적 자원과 상징 능력이 있다. 이 능력 덕에 우리는 어떤 대상을 그 대상을 가리키는 상징으로 치환하면서 세계와 우리의 관계에서 어느 정도 독립성을 획득할 수 있었다.[14]

인간이 다른 동물보다 생각의 범위가 훨씬 더 광대한 것도 순전히 우리가 **상징을 쓰는 동물**이어서 그렇다. 덕분에 인간의 감정은 또 다른 차원에서 자유로이 노닐 수 있는 공간을 얻기도 했다. 우리는 다른 대륙에 자리한 한 번도 만난 적 없는 누군가와 사랑에 빠지거나 깊은 두려움에 빠질 수 있는 존재이기도 하다.

많은 동물이 지시적 방법으로 의사소통을 한다. 즉 다른 대상과 구별되는 특정 대상을 가리키는 신호, 특히 음성 신호로 말이다. 한마디로 서로 다른 대상을 구별하고 이를 다른 동물에게 전달할 수 있다.

이들은 '위험'을 알리는 신호뿐 아니라 그 위험이 어떤 **종류**의 것인지, 정확히 새나 뱀인지 고양이인지도 다른 개체에 알렸다. 각 대상에 대해 별개의 신호를 쓰기도 하고, 여러 신호를 조합해서 쓰기도 한다. 동물이 주고받는 이런 신호를 우리는 적어도 부분적으로나마 이해할 수 있다.

비트겐슈타인은 괴테의 《파우스트》에서 "태초에 행위가 있었다"라는 구절을 인용한 적이 있다.[15] 비트겐슈타인에 따르면 언어란 정교하게 만드는 과정이다. 우리는 행위들에서 규칙성을 발견하고, 그러한 규칙성이 없으면 이해는 일어날 수 없다. 비트겐슈타인은 이러한 규칙성을 '인류의 공통 행동'이라 설명했는데[16] 이때 우리는 인간 행위가 가능한 전체 범위를 전부 고려해야 한다.[17] 인간과 인간 사이에만 공통된 행동이 있는 게 아니라 인간과 동물 사이에도 공유하는 행위가 존재한다. 동물에게는 비록 언어가 없을지라도 이런 토대 위에서 우리는 동물을 이해할 수 있을 것이다.

3장 동물의 의식을 보다

      신체와 정신의 관계를 두고 '인간의 몸은 영혼을 가장 잘 표현하는 그림'[18]이라고 한 비트겐슈타인의 주장은 동물한테도 똑같이 적용할 수 있다. "어떤 생명체의 행동을 보면 그 영혼을 보는 것이 가능하다."[19] 이때의 '영혼'은 초자연적인 어떤 것을 뜻하지 않는다. **누군가** 한낱 미물이 아닌 주관성이나 자의식을 지닌 어떤 존재를 알아본다는 뜻이다.

      우리가 타자를 인식할 때, 그가 영혼을 가졌는지 의식이 있는지를 인식할 때 우리의 인식에는 즉각성이 수반된다. 빙판에 미끄러져 팔이 부러진 사람이 있다면 **'저런 식으로 몸을 비틀며 신음을 내는 사람이라면 고통스러운 상황에 있을 테니 지금 앞에 있는 사람도 고통을 느끼고 있다고 추정해야겠군'** 식의 추론이 아니라 그 사람의 행동에서 곧바로 고통을 **알아볼** 것이다. **"저 사람이 느끼는 감정은 그의 안에만 있는 거니까 저 사람이 아픈지는 알 수 없어. 내가 인식할 수 있는 게 아니야"**[20]라는 식으로 치부하지는 않는다.

비트겐슈타인이 말한 영혼을 본다는 행위는 껍데기 같은 것을 벗기고 안에 있는 영혼을 들여다보는 것을 말하는 게 아니다. 그보다는 누군가의 몸과 행위를 보는 것이 영혼을 보는 것이라는 의미다.

그런데 그 전제에는 우리가 보고 있는 행동이 우리 자신이 하는 행동과 비슷한 행동일 것이라는 가정이 깔려 있다. 우리가 어떤 동물이 고통에 시달린다고 말할 수 있는 것은 그 동물이 인간의 행동과 유사한 반응을 보여주었을 때다.

개가 의식이 있고 생각을 한다는 것을 **알** 수는 없어도, 그렇다고 볼 근거가 우리에게는 그렇지 않다고 볼 근거보다 더 많다. **합리적인** 의심을 할 여지가 없을 정도로 많은 동물이 의식이 있음을 행동을 통해 **드러내기** 때문이다. 포유동물을 보면 더욱 확신이 든다. 하지만 동물의 세계에서는 갑각류같이 의식이 있는지 의심스러운 경우도 있고, 굴처럼 의심이 가지 않는 경우도 있다.

포유류로 국한하면 동물의 의식을 **알아보지** 못하는, 즉 동물이 느낌과 의도가 있음을 알아보지 못하는 사람이 있다면 그는 비트겐슈타인이 '상맹(相盲, Aspect-blindness)'이라고 칭했던 증세를 겪는 사람이라고 할 수 있다.

비트겐슈타인에 따르면 상맹은 음치의 상태와 비슷하다.[21] 음치는 음역이 완벽한 사람이 내는 소리를 듣고도 그것을 **듣지** 못한다. 상맹인 사람도 정상적인 사람이 알아보는 시각적 자극을 받고도 그것을 **보지** 못한다. 상맹으로 인해 소실되는 의미의 차원이 존재하는 것이다.

개가 문 앞에 붙어 서서 문을 긁으며 낑낑대는 걸 보고서도 개가 원하는 게 무엇인지, 의식이 있고 뭔가를 요구할 능력이 있는지 **알지** 못하겠다고 얘기하는 사람이 있을 수 있다. 개의 불편함을 덜어줄 마음이 있다면 책상에 앉아 이런 행동을 의심하지 말자. 자리를 박차고 나가 산책을 함께하라고 말하고 싶다. 밖에서 볼일을 봐야 한다고 배운 개는 볼일을 보고 싶어 밖으로 나가고 싶은 게 분명하니까 말이다. 밖으로 나가자마자 개는 참았던 볼일을 시원하게 볼 테고, 산책을 마치고 집으로 돌아와 책상 앞에 앉으면 그제야 아까의 회의적인 추측이 얼마나 터무니없었는지 알게 된다.

데이비드 흄은 이런 식으로 추론 속으로 점점 빠져들다가 사리 분별이 안 되는 상태에 이르는 과정과, 핑계로 추론을 제쳐두고 다른 일을 하게 되는 상황을 이렇게 묘사했다. "친구들과 즐겁게 식사를 하고 서양식 주사위놀이인 백개먼 게임을 하며 이야기를 나눈다. 그렇게 3-4시간을 보낸 뒤 다시 사색으로 돌아오면 좀전의 생각은 도무지 재미없고 부자연스러우며 터무니없게 보여서 더는 사색할 마음이 들지 않는다."[22]

　　동물의 표현은 인간의 표현이 그러했듯 태곳적부터 존재했다. 우리는 부분적으로 그 안에서 성장하고 언어를 습득하고 스스로 깨우쳐간다. 이 말은 나 자신을 먼저 인식하고 나서 그것을 토내로 타인이 의식이 있음을 추론한 것이 아니라는 얘기다. 타인의 의식에 대한 자각은 적어도 나 자신의 의식에 대한 자각만큼이나 처음부터 존재하는 근본적인 것이다. 이는 동물의 의식에도 마찬가지로 적용할 수 있다.

　　동물의 의도는 즉각 이해할 수 있는 성격을 띤다. 비트겐슈타인은 "자연스러운 의사 표시란 무엇인가. 그것을 알려면 새에게 살금살금 다가가는 고양이를 보라. 아니면 온 힘을 다해 도망치는 순간의 짐승을 보라"[23]라고 했다.

　　우리는 동물을 마주함으로써 의도를 알 수 있다. 동물과 함께 성장한 경험이 있는 사람에게는 동물도 인간과 같은 의도가 있다는 걸 의심한다는 사실이 이상할 정도다. 사람은 타인을 상대하면서 타인의 의도를 파악하는 걸 배워도 동물과는 그럴 수 없다고 보는 의견에 동의할 수 없다. 동물과 함께 지낸 사람은 대개 다른 대상, 즉 동물과 사람의 의도를 이해하는 법을 동물과 사람 모두와 상호작용함으로써 배운다.

나는 온화하게 미소 짓거나 웃음을 터뜨리는 사람이 행복하다는 것을 안다. '행복'이 무엇인지 이런 종류의 판단 준거를 떠올림으로써 알아서다. 앉아서 울고 있는 사람이 슬프다는 것도 안다. 그것이 내가 아는 '슬프다'라는 것이기 때문이다.

이때 어떤 추론이 작동하는 것은 아니다. 이런 식으로 생각하지는 않는다. '나는 울고 있는 사람을 관찰한다. 그가 슬프다는 것을 추정할 만한 이유를 발견한다.' 그게 아니라 울고 있는 그가 슬프다는 것을 **알아본다.** 단순한 슬픔을 넘어선 비탄과 외로움 같은 복잡한 상태는 보다 복합적인 판단 준거가 나름 있을 것이다.

어느 경우든 내적 심리 과정을 아는 데는 항상 외적인 판단 준거가 있어야 한다.[24] 그렇다고 해서 고통이 고통의 행위와 일치하거나 똑같다고 말하려는 것은 아니다. 정신적 상태를 드러내는 표정이 왜 나왔는지는 오직 외부의 식별 가능한 단서를 살펴봄으로써만 가능하다.

우리는 눈으로 감정을 **본다.** 누군가 얼굴을 수축시키는 것을 보는 게 아니라 그 사람이 기쁜지 슬픈지를 감지한다.[25] 여

기서 살며시 회의적인 목소리가 들려올지 모른다. "그가 진정
으로 슬픈지는 **알** 수 없다. 어쩌면 그런 척 연기하는 것일 수
있고 로봇일지 모른다. 반면 우리는 자신이 고통을 느끼는 것
은 아주 잘 안다."[26]

늘 이렇게 **말할** 수 있지만, 과연 이런 의심을 품은 채 **살아
갈** 수 있는가. 빙판에 넘어져서 팔이 부러져 비명을 지르는 사
람을 보고도 이처럼 똑 부러지게 말할 수 있는가. 그렇지 않
을 것이다. 감정은 감춰진 순수한 정신적 현상이 아니다. 행위
이자 서농이며 표현이고 눈에 보이는 어떤 것이다. 감정은 얼굴
과 몸짓 속에 존재하지 그 뒤에 숨겨져 있는 것이 아니다.

현상학을 연구한 철학자 메를로 퐁티는 감정과 신체적 표
현 사이에 밀접한 관련이 있음을 역설했다. 감정은 몸짓 뒤에
있는 어떤 것이 아니라 몸짓 **속에** 포함된 것이라고 했다.

메를로 퐁티는 "분노 혹은 위협적인 몸짓을 마주했을 때,
이를 이해하기 위해 굳이 내가 과거에 이 몸짓을 사용했을 때
경험했던 감정을 떠올릴 필요는 없다. 나는 분노를 그 몸짓 뒤
에 감춰진 심리적인 사실로 보지 않고 그 몸짓으로 읽는다. 몸
짓이 분노를 **떠올리게 하는 게 아니라** 그 자체가 분노다."[27] 그렇
다고 감정을 숨길 수 없다거나 이 감정 역시 '실재하지' 않는다
는 뜻은 아니다. 이 감정 역시 명백한 감정임을 전제로 한다.

인간이든 동물이든 '내면'에는 뭔가가 있지만, 이 내면 영역은 감춰져 있지 않다. 아주 잘 들여다보인다. 나는 상대가 행복한지 슬픈지 **보인다**. 누군가 슬픔을 표현하는 대신 가면을 쓰고 가면을 쓴다면 '내적인 상태'를 감출 수 있다. 그렇지만 그것은 '내면의' 것이라서가 아니라, 정상적이라면 내면을 드러냈을 얼굴에 의식적으로 다른 표정을 짓고 있어서 감춰지는 것이다. 좋든 나쁘든 이런 표정은 타인을 속일 수 있다.

핵심은 인간의 마음 상태에 대한 이러한 고찰이 동물에게도 똑같이 적용될 수 있다는 점이다. 하지만 인간의 마음을 파악하던 우리의 상황과 멀리 있는 동물일수록 기준을 알아보기란 한결 어려워진다. 인간과 매우 다른 삶의 형태를 영위하는 동물이라면 기분 좋은 상태인지 울적한 상태인지 판가름하는 기준을 결정하기가 더욱더 어려워진다.

그런데 다른 문화권에서 온 사람들한테도 이런 특성은 마찬가지다. 메를로 퐁티는 사람들 사이의 감정·표정·관계는 때에 따라 바뀔 수 있다고 보았다. 그는 각 감정을 표현하는 법은 문화마다 다르다고 지적했다. 이는 감정 자체도 개별 주체마다 다를 수 있다는 점을 암시한다. 이렇게 볼 때 인간의 감정과 표현 속에서 '선험적인' 차원과 '관습적인' 차원을 구별한다는 것은 불가능에 가깝다. 타고난 자연적인 것과 양식화된 것이 이음새 없이 겹쳐져 있는 상태다.

감정을 이해하려면 맥락을 알아야 한다. 울고 있는 어린아이가 있다면 우리는 이 아이가 어디가 아파서 우는지, 무엇이 무서워서 우는지 알 수 없다. 울음이 발생한 상황을 모르고서 이유를 아는 것은 불가능하다.

동물의 행동도 마찬가지다. 동물의 마음을 이해하려면 무엇보다도 맥락을 알아야 한다. 비트겐슈타인은 "누군가 이러저러한 상황에서 이러저러하게 행동하면 그 사람이 슬픈 상태라고 한다. 이것은 개도 마찬가지다"라고 주장했다.[28] 인간의 정신과 관련된 많은 개념을 동물에게도 적용할 수 있음을 강조한 것이다.[29]

인간 행동과의 유사성을 근거로 볼 때 동물도 행복·분노·두려움·슬픔·놀라움·망설임을 경험할 수 있다. 뭔가를 알아차리거나 탐색하고 생각하는 것이 가능하다는 것도 알 수 있다. 어떤 때는 동물도 뭔가를 고려해서 판단하거나 마음을 바꾸기도 한다. 얼마나 많은 고양이가 현관문 앞에서 거의 언제나 걸음을 멈추고 **밖으로 나갈까 말까** 진지하게 고민하는 듯한 모습을 보이는지를 생각하면 재미있다.

일반적으로 개는 한 치의 망설임 없이 밖으로 뛰쳐나가곤한다. 더러 다시 돌아오기도 하지만 문 앞에서 주저하는 모습은 거의 보이지 않는다. 여기서 동물에게 '심사숙고한다' '마음을 바꾼다'란 표현을 쓰는 게 억지스러운가. 이런 개념은 인간의 심리에서 일어날 수 있는 일에 쓰지만, 동물을 묘사할 때도 합당해 보인다.

어떤 것들은 인간적 특성과 강력하게 결부된 용어라서 동물에게 이런 말을 써도 될까 망설여질 때도 있다. 외로움과 지루함이 그렇다. 비트겐슈타인도 지적했듯이 인간의 마음에 대한 어떤 개념은 언어를 구사하는 존재에만 적용할 수 있다.[30]

반려견 루나를 '정직한 개'라고 할 수는 없다. 개가 정직하지 않을 도리가 없기 때문이다. 정직하다는 개념과 정직하지 않다는 개념은 개의 삶에 적용되지 않는다. 마찬가지로 '시기심이 없는 개'라는 말도 성립되지 않는다. 어느 쪽이든 언어를 사용하는 능력은 여러 능력 중에서 한 행동 유형일 뿐이다.

딸 이븐이 욕실 문 너머에 있는 걸 루나가 알고 있다면, 이 말은 '이븐이 욕실 안에 있다'라는 문장을 이 개가 일종의 내적 언어로 만들었다는 말이 아니다. 인간이 행동했을 것과 비슷한 태도로 비슷한 이해력 수준에서 행동한다는 의미다. 내가 볼 때 루나가 이븐이 욕실에 있다고 믿는 것으로 생각된다면 그것은 내가 루나의 의식에 접근할 수 있는 특별한 능력이 있는 독심술사라서가 아니라, 이븐이 욕실에 있다고 생각하는 듯이 루나가 행동한다는 단순한 이유에서 비롯된 것이다.

행동 습관과 감각 같은 종에 한정된 특징부터 특정 동물의 개별 특징까지 동물에 대한 지식이 많을수록 그 동물의 인지에 대해서 잘 알 수 있다. 인간과 유사성이 많은 동물일 때 파악하기 쉽다. 가장 잘 아는 것은 역시 인간, 그중에서도 자신과 가장 비슷하고 가장 잘 아는 사람의 생각일 것이다.

의식은 깊숙한 곳에 있는 어떤 것이고 언어에 의해서만 드러날 수 있다는 생각을 버린다면, 내면과 외면 사이에 가로놓인 장벽이 가볍게 부서질 수 있다고 생각한다면, 겉으로 드러나는 것에서 내면이 **보인다**는 사실을 인식할 수 있다면, 동물 역시 의식 상태가 다양하다고 믿는 데 아무런 문제가 없다. 그렇다고 실제 해석의 문제가 없을 거라는 얘기는 아니다. 우리가 동물의 행동을 항상 이해할 수 있는 것은 아닌 데다 내면은 감춰져 있는 게 아니라서 해석을 해야 할 필요가 있기 때문이다.

다른 동물의 의식 속에서 무슨 생각이 일어나는지 이해하기 위한 근거로 우리 자신의 경험을 이용할 때는 인간과 동물에서 발견되는 행동과 지각 사이에 기능적 연관성이 꽤 있다고 추정해야 한다. 의식에 관한 신경학의 연구 성과를 통해 밝혀진 지식도 이용할 수는 있다. 하지만 행동학적 접근이 신경학적 접근에 비해 동물의 의식을 드러내는 데 더 도움이 된다.

미국의 심리학자 그레고리 번스는 《개로 산다는 것》에서 동물의 마음을 아는 문제를 해결했다고 주장했다.[31] 개를 fMRI에 들여보내 누워 있도록 훈련만 시키면 뇌의 어느 영역이 어느 시간대에 활성화되는지 확인할 수 있다는 것이다. 이런 접근의 문제점은 뇌를 연구함으로써 1인칭 관점에 직접 접근할 수 있다고 생각한 점이다. 의식과 관련해서 봤을 때 뇌를 '겉으로 드러난' 어떤 것으로 보았다는 것이다.

개가 꼬리를 흔드는 것을 보는 것과 개의 뇌에서 활성화된 부위를 살펴보는 것. 과연 어느 쪽이 개가 행복한지를 더 직접 보는 방법일까? 나는 특정 상황에서 개의 뇌 어느 부위가 활성화되는지 확인하는 것보다 꼬리가 어떻게 움직이는지를 보는 게 보다 쉽게 알 수 있다고 생각한다.

뇌와 의식의 관계에 관한 우리의 지식은 제한되어 있다. 하지만 뇌에 변화가 생기면 의식에도 변화가 일어나고, 그 반대의 관계도 성립한다는 것을 안다. 이 말이 곧 뇌와 의식은 동일하다는 말은 아니다. 뇌에는 의식이 없지만, **개에게는** 의식이 있다. 뇌는 개가 의식을 가지기 위해 반드시 있어야 하는 중대한 전제 조건이지만 그 이상도 이하도 아니다.

모든 의식 상태에는 신경학적 토대가 있어야 하는데, 이

점은 뇌의 특정 부위가 손상되면 뇌의 특정 기능이 소실된다는 사실을 통해 잘 드러난다. 인간의 뇌에서 베르니케 영역과 브로카 영역이 손상을 입으면 언어를 이해하고 말을 하는 능력이 사라진다. 그렇다고 언어 능력을 뇌의 특정 부위에서 발생하는 특정 상태로 환원해서 볼 수 있다는 것은 아니다.

문제는 우리가 신경학적 차원에서 적절한 모든 정보를 확보한다 할지라도 심리학적 차원에서 일어나는 현상을 전부 설명할 수는 없다는 점이다. 이 신경학적·심리학적 접근은 각기 다른 대상·법칙·개념을 가지고 있다.

여러 다른 접근법은 완전히 별개로 존재하지도 않지만, 어느 한쪽만 강조될 수도 없다. 개인에 관한 연구에서 낮은 차원에서의 접근은 높은 수준에서 개인을 이해하는 데 도움을 주지만 그 정도는 제한된 정도에 그친다.

의식은 뇌·신체·주변 환경 사이에서 일어나는 상호작용에 의해 결정된다. 신경과학 연구가 큰 진전을 거둔 것은 사실이지만 우리는 신경과학을 통해 많은 것을 알 수 있을 거라고 지나치게 기대하는 경향이 있다.

그레고리 번스가 책에서 주장한 것도 같은 맥락이다. 인지신경과학의 창시자인 마이클 S. 가자니가와 인류에게 fMRI 이용의 혜택을 베푼 개발자는 한결같이 우리가 뇌 촬영 영상

에 대해 지나치게 '맹신'하고 있다고 경고한다.[32]

번스는 사람들에게 어떤 심리학적 현상을 설명할 때 뇌 촬영 사진을 함께 제시하면 관련이 없는 사진도 더 신뢰한다는 연구 결과를 발표했다. 사람들은 심지어 과학적으로 분명한 근거가 있는데 사진이 없는 설명보다 과학적으로 근거가 빈약하지만, 뇌 사진을 함께 제시한 경우를 더 신뢰했다고 한다.

언젠가 우리가 인간의 의식 상태에 해당하는 신경학적 상관물을 발견하고, 그와 유사한 신경학적 상태를 다른 종에서 발견하더라도 그것이 곧 의식의 동일성을 의미한다고 쉽게 결론 내릴 수는 없을 것이다.

신경학적으로 사람의 뇌에서 후회를 느끼는 역할을 하는 주요 부위는 뇌 앞쪽에 자리한 안와전두피질에 있다. 이렇게 단정을 내릴 수 있는 이유는 이 부위가 손상된 뇌졸중 환자는 명백하게 잘못된 선택을 하고서도 후회의 감정을 느끼지 못하는 모습이 관찰되었기 때문이다. 반면 이 부위가 손상되지 않은 사람의 뇌를 관찰하면 후회하는 감정을 느낄 때 이 부위가 활성화되는 것을 확인할 수 있었다.

쥐를 관찰했을 때도 여러 선택 중에서 다른 선택보다 보상이 적게 따르는 나쁜 선택을 했을 때 같은 부위가 활성화되는 것을 볼 수 있었다. 쥐가 보상이 적게 주어지는 선택을 하고

서 멈칫하며 더 유리했을 선택을 힐끗 돌아본다면 그 순간 쥐의 뇌에서는 안와전두피질이 활성화되는 것이다.[33]

그러면 이것은 쥐가 **후회하는** 마음을 갖는다는 의미일까? 그렇다고 하기는 어렵다. 인간에게 후회란 복잡한 현상이라서 이런 배경을 배제하고 보기 어렵다. 언어적 능력과도 결부되어 있고 일어났을지 모르는 일에 대한 내적 독백과도 강력하게 결부되어 있어서다.

논의를 위해 쥐가 '후회'할 수 있는 존재라고 가정해보자. 쥐가 '후회하는 마음'을 느낀다면 무엇에 대해 쥐가 후회하느냐의 문제가 대두된다. 더구나 후회는 일종의 불편함이니 그 문제에 관해서 회피하려는 성향을 보이게 된다. 쥐가 후회할 수 있는 능력이 있다면 개나 고양이 같은 포유류도 그런 능력이 있을 거라고 추정하는 게 타당하다.

나는 우리 집의 반려묘들 행동에서 후회하는 기색을 본 적이 없다. 날씨가 나쁜 날, 고양이들은 외출하자고 했다가 1분 뒤에 다시 안으로 들여 보내달라고 하기도 한다. 이때는 후회한다기보다 마음을 바꿨다고 하는 게 맞을 듯싶다. 그렇다면 개는 어떤가. 더러 개들에게서 보이는, '죄책감'을 표현하는 행동은 도덕관념과 관계없는 일종의 후회에 가깝다고 할 수 있다. 잘못된 행동을 해서 죄책감을 느끼는 게 아니라 주인을 불만스럽게 만든 행동에 대한 후회라고 보는 게 맞을 것이다.

어느 쪽이든 동물의 정신 능력의 종류를 판단하려면 우리는 동물의 **행동**을 살펴봐야 한다. 동물의 신경학 연구가 실제 동물의 행동을 대상으로 한 연구를 대체할 수는 없기 때문이다. 뇌 영상을 연구함으로써 동물의 지각에 즉각적으로 접근할 수 있다는 말은 내가 아내와 언쟁을 벌이다가 "무슨 말을 하는지 모르겠군. 당신 뇌를 지금 MRI로 찍어봐야겠어. 그러면 무슨 생각을 하는지 **알 수** 있을 테니" 하고 말하는 것과 다를 게 없다.

——— 4장 인간의 관점으로 동물을 본다는것

반려동물을 길러본 사람이라면 '우리 개는 지금 무슨 생각을 할까?' '우리 고양이는 내게 무슨 말을 하고 싶은 걸까?' 같은 질문을 한 번쯤 해봤을 것이다. 우리가 이 동물을 이해하는 게 약간이라도 가능할지, 그들이 우리를 이해하는 게 가능할지 나는 궁금하다. 반려견이나 반려묘를 기르는 사람들은 당연히 그렇다고 대답할 것이다. 자신들이 반려동물을 이해하고 있고, 반려동물에게 어느 정도의 이해를 받고 있다고 말이다. 개나 고양이의 마음 상태를 잘 알고 있고, 자신이 뭔가 슬픈 일이 있을 때 그들이 와서 위로해준다고도 말할 것이다. 아마추어는 동물에 대해 대개 이렇게 말한다.

'아마추어'는 '사랑하는 사람'이라는 뜻이다. 아마추어와 동물의 유대 속에는 전문가의 눈으로는 포착할 수 없는 감정적인 차원이 존재한다. 동물에 대해 말할 때 아마추어는 대개 인간의 심리학에서 사용하는 용어를 사용한다.

동물을 이해하는 시도 속에는 **의인화**Anthropomorphism하는 작업이 수반된다. 어원은 그리스어 **Anthropos**(인간)와 **Morphe**(형상)에서 따온 것으로, 어떤 대상에 인간의 형상이나 형태를 부여하는 것을 말한다.

아마추어는 반려견이나 반려묘를 묘사할 때 으레 '뭔가를 생각한다는 듯'이라거나 '시샘하고' '슬프고' '외로워한다'라는 단어를 쓰곤 한다. 하지만 철학자와 동식물학자라면 이러한 표현을 의도적으로 피하려고 한다. 전문가들의 생각에 동물은 자연계 일부로서 **이해**의 대상이라기보다 **설명**의 대상이어야 한다는 믿음이 있어서다. 생물학자라면 동물의 행동을 **설명**하기 원하지 동물의 의식을 이해하기 원하지 않는다.

근대의 동물 연구에서 중대한 오류를 꼽는다면 의인화의 사용일 것이다. 의인화는 고대 그리스 철학자이자 시인인 크세노파네스가 처음 사용한 것으로 추정하고 있다. 그는 호메로스가 시에서 신을 인간과 닮은 모습으로 묘사했다고 비판했다. 문제는 우리가 어떤 출발점으로서 인간을 이용하지 않고 다른 방법으로 신의 모습을 형상화할 수 있을까 하는 문제다. 동물에게도 이런 문제는 똑같이 적용할 수 있다.

19세기 생물학에서는 동물의 감정과 정신세계에 대해 심심치 않게 논하기도 했다. 찰스 다윈이 대표 학자로 그는 인간과 동물의 감정 표현에 관한 《인간과 동물의 감정 표현(1872)》을 쓰기도 했다. 그러나 이러한 흐름은 뼈아픈 교훈을 남기기도 했다. 다윈의 연구 조교이자 연구를 계승했던 조지 로마네스는 의인화가 다소 자유분방하게 전개될 때 얼마나 쉽게 오류에 빠질 수 있는지 잘 보여준 장본인이다.

로마네스는 동물의 행동에 상상력을 발휘한 이야기를 섞어 소개하면서 그만큼 동물의 의식 상태가 높다고 주장했다. 그중에는 총에 맞은 원숭이 이야기가 있다. 총에 맞은 원숭이가 손으로 피를 문지르는 행동을 하는 이유에 대해 그는 사냥꾼에게 양심의 가책을 유발하기 위한 행위라고 해석했다. 하지만 '양심의 가책'이라는 개념을 원숭이가 알 근거가 없는 데다 그런 행위를 인간에게 보일 때 유발할 수 있는 인간의 정신적 상태에 대해 원숭이가 알 거라고 생각하기는 어렵다.

다윈이 연구 계승자로 로마네스를 지목했던 것처럼, 로마네스는 로이드 모건을 후학으로 삼았다. 모건은 로마네스가 했던 비현실적인 묘사 같은 설명은 제한해야 한다는 점을 분명히 했다. 그래서 그는 동물의 어떤 행동을 해석할 때 낮은 정신적 능력의 산물로 해석될 수 있다면 그 행동을 높은 정신적 능력의 산물로 해석해서는 안 된다[34]는 원칙을 도입했다.

이 원칙은 동일한 한 행동을 본능의 작용으로도, 동물이 생각해서 한 행동으로도 해석이 가능하다면 첫 번째의 단순한 설명을 우선해서 채택해야 한다는 얘기다. 이것은 20세기 동물 연구에서 하나의 기준이 되었다. 그래서 학계에서는 동물의 감정과 정신세계에 대해 논하는 시도가 비과학적인 것으로 인식되어 그러한 연구가 눈에 띄게 줄었다.

여기서 모건도 자신의 원칙이 지나치게 엄격하게 받아들여지는 것을 원하지 않았다는 사실에 주목해야 한다. 그가 생각하기에 여러 동물에게 고등 정신 능력이 있다고 믿을 근거는 충분했다. 그 행위를 이러한 우수한 능력의 결과로 설명하는 것은 타당하다고 생각했다.

모건은 동물학자들이 동물을 연구할 때 자신의 의식을 바탕으로 한 용어와 감정을 사용해야 하고 동물도 인간과 유사한 의식이 있다고 봐야 한다는 견해를 지지했다. 그가 자신의 원칙을 적용했을 때, 개는 높은 의식이 있다고 보는 것이 타당했다. 한계도 뚜렷하다고 생각했다. 개들은 지능이 높지만, 추상적 사고에 대한 능력은 전혀 없으며 공감 능력은 확실히 있으나 공정함은 전혀 알지 못한다는 것이다. 《동물의 삶과 지능(1890-1891)》에서 모건은 이렇게 묘사했다.

> 개가 인간에게 연민을 느낄 수 있다는 사실은 이 네발 달린 친구와
> 우정을 나눠본 이라면 거의 누구도 의문을 제기하지 않을 것이다. 때
> 때로 개들은 우리의 기분을 본능적으로 간파한다. 우리가 바쁠 때
> 는 잠자코 있고, 심란하거나 슬플 때는 가만히 무릎에 그 텁수룩한
> 머리를 올려놓으며, 우리가 기분 좋거나 기쁠 때는 언제 그랬냐는 듯
> 순식간에 기운을 차린다. 이들은 명민한 이해력을 지닌 존재다.[35]

원칙적으로 모건의 계율은 한창 남용되던 의인화 경향에
제동을 거는 좋은 치료제가 되었지만, 불행히도 약효가 좋은
바람에 동물이 '좀 더 고등한' 특성이 있다는 의견을 내놓으면
곧바로 풍자의 대상이 될 정도로 저항을 받았다. 문제는 이런
분위기가 대상을 이해하기 위해 반드시 해야 하는 가장 기본
적인 생각, 즉 이해하고자 하는 현상을 공정하게 바라보는 시
선까지 막았다는 점이다.

동물학자이자 생태학자인 프란스 드 발은 의인화와 충돌
하는 이러한 세태를 꼬집기 위해 '의인화 부정Anthropodenial'이라
는 용어를 만들었다.[36] '도저히 있을 법하지 않다거나' '비과학
적'이라는 이유만으로 인간과 동물 사이의 유사성을 모조리

외면하는 풍조를 담아낸 말이다.

그럼에도 동물에 관해 엄격하게 해석하려는 경향이 이어진 결과, 동물이란 자극을 주면 반응이 나오지만, 내면세계는 알 수 없는 자동 기계 같은 존재라는 인식이 자리 잡게 되었다. 최근 수십 년에 걸쳐서는 이 흐름이 다시 뒤로 돌아가 의인화가 허용되는 분위기가 만들어졌다.

미국의 도널드 그리핀이 《동물 인지의 문제(1976)》를 출간한 것이 계기가 되었는데, 이 책은 또 다른 원칙이 오늘날 널리 받아들여지고 있음을 보여준다. 그것은 동물이 보다 높은 수준의 능력이 있다고 보았을 때 동물의 행동이 가장 합리적으로 설명될 수 있다면 그렇게 생각해야 한다는 원칙이다.

이러한 접근은 《인간과 동물의 감정 표현》에서 다윈이 다뤘던 많은 연구 과제의 귀환이라고 일컬을 정도의 새로운 흐름을 불러일으켰다. 다윈은 본질적으로 인간과 동물이 같은 감각, 즉 시각·청각·후각·미각·촉각이 있다는 점에 주목했다. 동물은 무언가를 흉내 내고 기억할 수 있으며 나아가 욕구·주저함·기쁨·실망을 인간만큼이나 많이 경험한다고 주장했다. 오늘날 대부분이 다윈의 이 주장에 동의할 것이다. 그렇지만 아직 로마네스의 오류가 남긴 교훈이 학계에 뿌리 깊게 자리하고 있는 데다가 다윈과 마찬가지로 동물에게는 관용과 수치

같은 덕목이 존재하지 않는다고 보는 사람들이 많다.

내가 "반려견 루나가 비둘기를 잡으려고 살며시 접근하고 있다"는 말을 했다고 하자. 이 묘사에 개의 정신적 특성은 언급하지 않았으니 비교적 안전한 발언이라 할 수 있다. 개가 비둘기를 잡을 수 있는 지점으로 다가가며 자신의 위치를 조정한다고 표현하면 더욱 안전한 발언이 될 것이다.

반면 "루나가 비둘기를 잡기를 **원한다**" 혹은 "**바란다**"고 한다면 인간의 정신 작용에 쓰이는 개념을 사용했으니 문제의 소지가 있는 발언이 된다. 나아가 루나가 비둘기를 잡는 데 성공한 적이 없다, 앞으로도 성공하지 못할 것이다, 줄곧 성공했다는 말도 할 수 있을 것이다. 결국에 루나의 마음속에서 무슨 생각이 일어나는지 알 길이 없는데도 루나에게 원한다 혹은 바란다는 개념을 썼으니 어쩌면 내 생각과 감정을 루나에게 투영한 것인지 모른다.

반면 루나의 행동을 관찰해서 무슨 행동을 했는지 아는 것은 얼마든지 가능하니 차라리 임시변통으로 그 녀석의 행동을 묘사만 하고 마음 상태에 대한 추측은 자제하면 가장 안전한 길일 듯싶다. 그렇지만 이렇게 불만스러운 전략을 쓰는 가운데서도 루나는 분명하면서도 줄기차게 의식을 가진 존재라는 증거를 내 앞에 들이민다. 내 눈에는 이 동물의 깨어 있는 의식이 그 움직임만큼이나 똑똑히 보이는 것이다.

내가 "루나는 기분이 좋다"라는 말을 하면 루나에게 인간의 심리 목록에서 찾은 어떤 정신 능력이 있을 거라고 생각한다는 뜻이 된다. 이런 문제를 비껴가려면 어떻게 해야 하는가. "루나가 사람이라고 가정했을 때 기분 좋은 상태라고 해석했을 만한 행동을 보여준다"라고 말하면 된다. 하지만 장황하고 우스꽝스럽기도 하다. '루나-기분 좋음'과 '라르스-기분 좋음'이 대응하는지는 **알** 수 없지만 그러리라고 추정하는 게 타당하다고 생각한다.

비슷하게 생각했을 때, 내가 기분 좋다고 느끼는 경험이 다른 사람이 기분 좋게 느끼는 경험과 일치하는지 **알** 수는 없어도 그 둘이 다르다기보다 일치된다고 보는 게 더 타당한 것과 같은 이치다.

더구나 최근 생물학 내에서 변화의 바람이 일어난 덕분에 동물에 관해 묘사할 때도 인용부호를 써서 '기분 좋다' '화가 났다'라고 쓸 필요가 없어졌다. 이런 점에서 생물학이 이제 아마추어의 눈높이에서 달리 말하면 상식에 맞게 연구하고 있다고 할 수 있겠다. 철학에 대해서도 나는 이 같은 말을 할 수 있기를 바란다.

어떤 개가 고양이를 쫓고 있는데 고양이가 나무 위로 올라가고 개는 밑에서 계속 짖는 상황이라면 개가 나무 위에 고양이가 있다고 **믿고 있다**는 설명이 가장 쉽게 할 수 있는 말일 것이다. 이때 우리는 개가 '믿고 있는' 것을 말하고 있으니 의인화를 사용한 거고, 결과적으로 인간의 심리학에서 차용한 개념을 사용하고 있는 셈이다.

나로서는 루나가 뭐를 먹고 싶어 하거나 산책하고 싶어 하는 생각처럼 다양한 것을 생각한다는 것이 무척 분명하다. 개의 행동에서 이런 기대를 품고 있다는 게 훤히 드러난다. 더러 사람과 똑같이 기대가 실망으로 바뀌는 일을 겪기도 한다. 루나가 좋아하는 간식거리가 든 서랍을 간식이 아니라 다른 물건을 찾으려고 열었을 때가 그런 경우다.

이런 개를 묘사하는 데 '믿음' '기대' 같은 단어를 사용하는 것이 과연 지나친가. 사람과 비교해 상상력이 부족한 것은 인정할 수밖에 없다. 루나의 사고는 명백히 현재에 국한되어 있고 '내일'이란 개념이 없어서 내가 내일 여행에서 돌아올 것을 기대하지 못한다. 하지만 내가 계단을 밟고 올라오는 소리를 들으면 곧 문을 열고 들어올 것을 기대할 수 있다.

우리는 몇몇 중대한 측면에서 인간과 동물이 다르다는 점을 인식하면서, 자신의 감정과 의도를 드러내 보이는 동물의 행동을 인간을 바라볼 때처럼 열린 시선으로 바라봐야 한다.

의인화를 쓰지 않고 동물의 행동을 묘사하려면 의미나 맥락 없이 동작을 나열하는 데 그칠 공산이 크다.

'인간의' 용어를 사용함으로써 맥락을 만들어서 의미 또한 찾을 수 있게 된다. 이것이 약간이라도 동물을 이해할 수 있는 가능한 유일한 방법이다. 우리가 가지고 있는 심리학적 지식과 통찰, 감정에서 출발해 그 이해를 하는 방법 말이다.

하지만 동물을 이해하려고 시도할 때 생물학적 지식을 고려하는 것도 중요하다. 그렇게 했을 때 의인화가 제약 없이 사용되는 것을 막을 수 있고, 동물이 인간적 특성을 전부 갖고 있다는 입증할 수 없는 논리에 빠지는 것을 막을 수 있다. 이러한 두 가지 관점, 즉 아마추어와 과학자의 관점이 잘 맞물리면서 서로를 보완하는 것이 올바른 목표일 것이다.

반려동물을 기르는 사람은 한결같이 자신들이 실제 그 동물을 잘 안다고 주장하곤 한다. 어쩌면 그럴지 모른다. 이런 실험을 한 적이 있었다. 개와 고양이 주인들에게 개와 고양이를 찍은 사진이나 영화의 한 장면을 보여주고 기분을 맞혀보라고 했다.[37] 반려동물의 주인들은 동물의 기분을 설명할 때 상당한 수준으로 의인화해 말했다. 반려동물과의 경험이 부족한 사람들도 대조군으로 실험에 참여시켰다.

피실험자들이 올바로 표정을 기술하는지 평가하기 위해

자연 상태의 동물을 연구하는 생태학자 3명에게 '매우 타당함' '타당함' '타당하지 않음' 세 가지로 답변을 평가하도록 했다. 개와 고양이를 모두 키워봤던 사람들은 일관되게 '매우 타당함' 점수를 받았다. 어느 하나만 키워본 사람들은 그보다 약간 낮은 점수를 받았고, 동물과의 경험이 전혀 없는 집단도 그다지 나쁘지 않은 점수를 받았다. 이는 의인화 경향이 강한 일반인 시각이나 전문가 시각이 비슷하다는 것을 보여준다.

개로 살아간다는 건 어떤 것일까? 이상한 질문이다. 그러면 인간으로 살아간다는 것은? 이 두 질문은 본질적으로 다른가. 나는 인간으로 존재한 경험이 있지만, 개로 존재한 경험은 없다는 점이 중요한 차이라고 할 수 있겠다. 여자로 살아가는 건 어떠냐고 한다면? 스웨덴 사람으로 사는 건? 아니면 배관공이나 프로 테니스 선수, 초등학교 교사 혹은 간호사로 사는 건 어떤지 묻는다면? 이 직업들 역시 어느 하나 경험해보지 못했다. 차이가 있다면 여자, 스웨덴 사람, 배관공, 테니스 선수, 초등학교 교사, 간호사는 우리가 보통 쓰는 말을 사용해 내게 그 직업을 갖고 사는 게 어떠하다고 알려줄 수 있다는 점이다.

개도 개로 살아가는 게 어떤지 전달할 수 있지만 아주 적을 뿐이다. 나는 개가 짖는 소리와 자세, 내가 움직일 때 가는 곳을 보고 개가 좋아하는 것을 알아낸다. 개가 관심을 두는 게 무엇인지, 무엇을 좋아하고 무엇에 좌절하고 놀라는지 알 수 있다. 하지만 인터뷰를 해서 자신과 주변 세계를 어떻게 인식하는지 들어볼 수는 없다.

내가 개를 알 방법은 그 행동을 읽어내는 것이다. 개를 볼 때는 나와 다르지 않은 존재로 바라보고, 개가 지금 처한 상황에 나를 대입하면 어떨지 상상력을 발휘해야 한다. 반대로 개는 개이며 사람이 아니라는 사실도 기억해야 한다. 읽고 쓰기를 배우는 것은 사람에게 적합한 일이지 개를 위한 것이 아니다.

어떤 의미에서 모든 종의 동물이 '자신만의' 세상에서 살아간다고 할 수 있겠다. 이렇게 생각하면 우리는 다른 종을 이해할 수 없을지 모른다. 동물은 자신의 세계에서, 우리 인간은 인간의 세계에서 살아가게 된다. 하지만 세계의 경계에는 구멍이 숭숭 뚫려 있어 부분적으로 다른 종의 세계로 들어가는 것이 가능하다.

이때 우리는 동물의 행동과 사람의 행동 사이에 발견되는 유사성에서 출발해야 한다. 행동이 비슷하다면 그 행동의 기저에 놓인 정신 작용도 인간과 비슷하다고 추정하는 것은 기본적으로 사리에 맞다. 데이비드 흄은 《인간 본성에 관한 논고》에 이렇게 썼다.

동물의 정신세계가 우리의 정신세계와 닮았으리라 판단하는 것은 겉으로 드러나는 동물의 행동이 우리의 행동과 유사한 점이 있어서다. 한 걸음 나아가 같은 원칙에 입각해 추론하면 우리의 정신 작용이 동물과 비슷하므로 정신 작용을 일으킨 원인도 비슷하리라는 결론에 이른다. 그러므로 인간과 짐승에게서 흔히 보이는 정신 작용을 설명하기 위해 어떤 가설을 설정할 때 우리는 똑같은 가설을 둘 다에 적용해야 한다.[38]

이런 생각에서 출발한 흄은 '짐승이 인간처럼 사고와 이성을 지니고 태어났다는 것은 그 어떤 진실보다도 분명한 사실로 보인다'는 결론을 내렸다. 하지만 지금까지 이런 관점에 회의적인 시각이 우세했으며 이런 자질을 동물이 갖고 있다고 믿으려면 또 다른 종들에게서 수집한 보다 명확한 증거가 필요하다고 보는 것이 일반적인 시각이었다.

우리는 왜 동물이 지각할 수 있고 생각할 수 있다는 사실을 입증하라는 요구를 인간에 대해서보다 더 까다롭게 요구하는가. 누군가 인간은 언어가 있고, 언어는 의식이 있다는 증거라서 인간은 그 사실을 입증했다고 할지 모르겠다. 하지만 언어를 사용하지 못하는 사람들, 아직 언어가 발달하지 않은 어린아이도 의식이 있다고 볼 수 있으므로 언어가 이런 차별을 완전히 설명하지는 못한다.

동물을 연구할 때처럼 언어이전Pre-linguistic 시기 어린아이의 능력을 연구할 때도 엄격한 잣대를 들이댔다면 이 아이들의 의식 능력은 지금보다 낮게 평가되었을 것이다. 중요한 건 인간에게 의식이 있음을 판별하기 위한 조건을 엄격히 적용하라는 게 아니라 동물에 대해서 좀 더 너그러워야 한다는 것이다. 주변 사람이 **진정으로** 사고하는 존재인지 우리가 끊임없이 확인하려고 든다면 바보 같은 짓일 것이다. 우리에게 필요한 것은 반박할 수 없는 증거가 아니라 실체가 있는 접근이다.

어떤 학자들은 동물이 가진 의식의 종류가 무엇인지 어떤 추정도 하지 말고 의인화를 사용하자고 한다. 미국의 철학자 대니얼 데닛은 의인화가 동물의 행동을 설명하고 예측하는 데 그야말로 유리한 전략이라는 주장을 펼치며 이런 생각을 실행에 옮겼다.[39]

개가 식료품 찬장 문을 여는 소리를 듣고 달려올 때 이 개가 음식을 '원하는지' '기대하는지'는 관심을 둘 문제가 아니라고 그는 강조했다. 개가 무언가를 원하거나 기대하는 능력이 있는지는 무의미한 질문이라는 것이다. 중요한 것은 개에 관해 이런 식으로 말함으로써 개의 행동, 즉 뛰어나온다는 행동을 설명할 수 있고, 다음번에 이 소리를 들었을 때도 뛰어나오리란 것을 예상할 수 있다는 사실이다. 그러므로 개에게 이러한 의식 상태가 있는 **것처럼** 개를 묘사하면 실제의 행동을 설명하고 예측하는 게 가능해진다. 그렇지만 우리는 개가 진정으로 이런 의식 상태를 가지고 있는지 궁금하므로 '것처럼' 이상의 뭔가를 알고 싶어 한다. 하지만 데닛은 그것이 의미 없는 작업이라고 일축했다.

이 점에 관해서 나는 의견이 다르다. 인간이 의식이 있다는 것을 제대로 증명해내기 어려운 것처럼 개가 의식과 지각력, 나름의 선호가 있다는 것을 **증명하기란** 불가능에 가깝다. 하지만 의식을 가지고 있지 않다고 보는 쪽보다 가지고 있으리라 추정할 이유가 우리에게는 훨씬 더 많다고 생각한다.

5장 마음 읽기

인간은 마음 읽기를 잘한다. 지나치게 잘하다 보니 읽을 무언가가 없는 상황에서도 읽어내는 일이 벌어지기도 한다. 1940년대 시행된 잘 알려진 심리학 실험이 있다.

34명의 실험자에게 큰 삼각형, 작은 삼각형, 작은 원이 직사각형 주위를 움직이며 그 안으로 들어갔다 나왔다 하는 짧은 분량의 평면 도형 영상을 보여주었다.[40] 그리고 나서 무엇을 보았는지 설명해보라고 하자 1명을 제외하고 33명이 문자의 형상을 보았다고 답했다. 마치 어떤 의미를 알아보고 그것을 파악한 것처럼 말이다.

사람들이 이렇게 대답한 이유는 그렇게 생각하지 않는다면 자신들이 본 것이 무작위로 움직이는 다소 혼란스러운 기하학적 이미지에 불과하게 될 것이기 때문이다. 피실험자들은 무언가를 지각했다는 듯이 문자를 봄으로써 그 영상을 러브 스토리로 해석할 수도 있었을 것이다.

이 실험은 인간은 뭔가 종잡을 수 없을수록 그것이 생각과 의도를 담고 있다고 보는 경향이 강해진다는 사실을 시사한다. 그래야 우리는 이러한 무작위의 행위를 납득할 수 있는 맥락 속에 둘 수 있다.

인간은 타인의 마음속에서 무슨 일이 일어나는지 알아내는 능력이 매우 뛰어나다. 심리학에서는 이런 현상을 종종 '정신화(마음챙김, 마음 헤아리기)'라고 지칭한다. 혹자는 이런 능력이 진정한 사회적 지능을 갖기 위한 전제 조건이므로 동물 종으로서 인간의 가장 중요한 특징으로 볼 수 있다는 주장을 펴기도 했다.

그런데 우리는 때로 이런 능력을 지나치게 발휘해 의식이 개입되지 않은 행동도 의식에 의한 행동으로 해석할 때가 있다. '행동'이란 것이 스스로 움직이는 능력이라고 한다면 행동의 기미를 보이지 않는 대상을 두고서 행동을 하는 것인 양 대할 때도 있다. 이를테면 의식이 없는 게 명백한데도 제대로 작동하지 않는 컴퓨터나 자동차에 화를 내며 불평을 늘어놓는 때가 그런 경우다.

우리는 더러 이와 반대되는 실수를 저지르기도 한다. 실제로 의식이 있는 존재를 두고서 의식이 없다고 생각하는 것이다. 1980년대까지만 해도 영아를 수술할 때 마취하지 않는 것이 관행이었다. 마취 시 따르는 위험이 크고, 영아는 고통을 감지하는 능력이 아주 미미해서 혹은 존재하지 않아서 위험을 감수하는 것이 불필요하다고 보았다. 오늘날에는 영아가 통증을 잘 느낀다는 사실이 기정사실로 받아들여지고 있으며, 그에 따라 통증이 따르는 수술은 마취를 하고 있다.

의사들은 왜 이런 실수를 저질렀을까? 영아의 반응을 보면 통증을 느낀다는 걸 쉽게 알 수 있었을 텐데 말이다. 의사들도 그 사실을 알 수 있었겠지만, 그런 반응을 통증에 대한 순수한 자각의 표현으로 해석하지 않고 영아에 대해 다르게 인식해서 그렇다.

동물에 관한 글을 썼던 철학자 가운데서도 비슷한 결론에 이른 이가 있었다. 가장 악명 높은 학자로는 데카르트를 꼽을 수 있을 것이다. 데카르트는 인간의 행동과 동물의 행동을 비교했을 때 유사점이 많다는 것은 인정하지만, 이것이 '내면의 작용'에 대해서도 그렇다는 것을 시사하는 건 아니라고 주장했다. 밖으로 드러난 행동에서 보이는 유사성이 내면세계의 유사성을 입증하는 증거일 수 없다는 것이다.[41]

동물은 질문을 받아도 반응하지 않으며 그들의 행동은 인간의 행동에서 관찰되는 것보다 훨씬 비슷한 양상을 보인다.[42] 데카르트는 의식의 존재를 알려주는 유일한 단서가 언어이며, 역으로 언어의 부재는 의식의 결여를 나타내는 강력한 증거라고 주장했다.[43]

어느 한 동물이 사고한다는 것을 인정하면 동물 모두가, 즉 굴과 해면동물까지 사고하는 걸 인정해야 하는데 굴과 해면동물이 생각한다는 건 말도 안 되니 우리는 어떤 동물도 생각하지 않는다고 결론 내릴 수밖에 없다고 주장했다.[44]

어느 편지에서 데카르트는 동물이 세상을 보는 상태를 이렇게 표현했다. 우리가 평상시 세상을 보는 상태가 아니라 멍한 상태에 있을 때, 즉 빛이 망막을 지나서 몸을 마음대로 움직일 수 있지만, 주변에서 무슨 일이 일어나는지는 의식하지 못하는 상태에 있을 때와 비슷한 상태에서 세상을 본다고 밝혔다.[45]

이런 주장으로 미뤄볼 때 데카르트는 동물이 의식이 있기는 하나 의식이 있음을 스스로 깨닫지 못하는 상태로 생각한 듯싶다. 그렇지만 동물이 의식을 가지고 있지 않다고 판단한 것을 보면 동물의 상태가 넋이 나간 사람의 상태와 유사하다는 점을 지나치게 과장한 면이 있는 것 같다.

데카르트는 동물을 주위 상황을 인지하지 못한 채 외부 자극이 주어지면 행동하는 자동 기계 같은 존재로 보았다. 그에 따르면 고통이란 몸의 동요를 수반하는 의식적인 현상이다. 하지만 동물은 몸의 동요만 있을 뿐 의식하는 상태와 대응되는 상태가 없다고 주장했다.[46] 고통을 느끼는 데 필요한 심리학적 전제 조건은 인간처럼 가지고 있다는 것을 인정하지만 고통을 느끼지 못한다는 것이다.

1649년 헨리 모어에게 보낸 편지에서 데카르트는 동물이 생각하는 능력이 있다는 것은 입증할 수 없음이 확정되었지만 '인간이 동물의 마음속을 속속들이 알 수는 없으므로' 동물이 사고할 능력이 있지 **않음**까지는 입증되지 않았다고 썼다.[47] 그러므로 티끌만 한 의혹 한 톨이 남게 되는 셈이다.

데카르트의 독특한 동물관은 그가 동물을 키웠던 경험이 없었던 데서 나온 것으로 이해할 수 없다. 몬시유 그라라는 이름의 작은 반려견을 키웠던 그는 이 개를 아주 좋아했고, 산책도 다니곤 했다.

데카르트식의 동물관은 긴 생명력을 가지고 이어졌다. 프랑스의 생리학자 클로드 베르나르는 수많은 개와 고양이를 마취 없이 생체 해부Vivisection 대상으로 삼았다. Vivisection의 어원을 보면 '살아 있다'라는 뜻의 라틴어 **vivus**와 '자르다'란 뜻의 secare를 결합한 것이다. 동물을 기계에 불과하다고 생각했던 그는 동물의 몸을 절단할 때 고통으로 울부짖는 비명과 몸부림에 개의치 않았다.

한 번은 아내와 딸이 집에 돌아와 기르던 개가 해부당하는 끔찍한 광경을 목격하고 충격에 빠지는 일이 벌어졌다. 베르나르 부부의 결혼은 이어지지 못했고, 이혼 후 아내는 잔혹한 동물 학대에 반대하는 운동에 뛰어들어 열성적인 운동가로 활동했다. 베르나르는 이런 운동을 과학의 발전을 가로막는 값싼 감상으로 치부했다.

오늘날에도 이와 비슷한 생각을 하는 경우를 볼 수 있다. 미국의 철학자 피터 캐루더스는 동물은 의식이 결여되어 고통을 느낄 수 없으므로 동물에 대해 우리가 품는 동정심을 거둬야 한다고 주장했다.[48] 이런 주장을 통해 그는 스토아학파가 견지했던 동물관을 현대적 버전으로 대변하는 학자가 되었다.

스토아학파는 동물이란 돌아다니는 식량 이상의 그 무엇도 아니라고 생각했다. 이 철학자들은 동물은 감각이 있지 않다고 믿었다. 이 믿음은 인식에 대해 그들이 생각하는 관점과도 연결된다. 그들은 고양이를 본다는 행위는 감각이 제공한 것을 토대로 자신이 보고 있는 것이 고양이라는 사실을 판단하는 것이라고 여겼다. 하지만 말을 할 수 있는 능력이 있어야만 이런 판단을 내릴 수 있다고 보았다.

개는 말을 할 수 없으므로 개의 시선이 고양이에게 향해 있어도 개는 고양이를 **볼 수** 없다는 게 스토아학파의 주장이다. 그러므로 이해를 해야 할 심리적 삶이 존재하지 않으니 동물에게 언어의 부재는 동물을 이해 대상이 아니라 설명 대상으로 봐야 한다는 결론에 이르게 만든다.

철학자 상당수가 지금껏 직면해온, 그리고 많은 철학자가 동물에게 의식과 생각이 있다는 주장을 펼칠 때 여전히 직면하는 늘 비슷한 반대의 목소리는 이해하기 어렵다. 나는 함께 지냈던 개와 고양이들이 생각할 수 있다는 사실에 한 치의 의심을 하지 않는다.

하지만 이 반려동물들이 **무슨** 생각을 하는지 늘 알 수 있는 것은 아니다. 무슨 생각을 하는지 모르기로 따지면 어릴 때부터 성인이 될 때까지 함께 살았던 가족도 마찬가지고, 때론 나 자신도 무슨 생각을 하는지 모를 때도 있다. 그럼에도 이 세 가지 경우 사이에는 차이가 있다.

일반적으로 나는 나 자신 속에 직접 머물고 있어서 의식 속에 일어나는 일을 의심스럽게 볼 여지가 거의 없다. 나 자신의 생각과 느낌 속에 그저 인간도 동물도 아닌 상태로 존재하게 된다. 자신을 경험하는 것이 지니는 직접적인 속성 때문이다. 콘서트장에서 무대 위 음악이 큰 감동으로 다가올 때 그 느낌은 내 몸과 가슴에 울려 퍼진다. 그 의미가 무엇인지 세세히 나열할 수는 없어도 그 느낌은 믿을 수 없으리만치 강렬한 의미로 다가온다.

옆에 한 사람이 함께 있다고 하자. 그는 내가 속을 훤히 아는 오랜 친구다. 10대부터 이 친구와 함께 저 밴드의 음악을 들어왔다. 친구의 미소와 표정, 제스처를 볼 때 친구도 나만큼이나 깊은 감동을 받았음을 알 수 있다. 그래서 우리는 이 경험을 공유할 수 있다.

그래도 우리가 완벽하게 공유할 수는 없다. 나 자신을 그의 의식 속으로 이동시킨다는 건 불가능하므로 이 경험은 언제까지나 다른 어느 누구와도 공유할 수 없는 개인적인 것이다. 결코 다른 사람이 비집고 들어올 수 없는 나 자신의 생각과 경험 속에 나는 **머문다**.

사람의 행동 방식에는 의식이 있는 존재임을 한눈에 알아보게 만드는 본질적인 무언가가 있다. 몸뚱어리가 움직이며 의식이 있다고 결론 내리게 행동하고 있는 것이 **아니다**. 그보다 우리는 의식이 있음을 즉각적으로 알아본다. 가끔은 고의로 머릿속 생각을 감추는 사람들이 있을지라도 일반적으로 그들이 하는 말도 거의 이해할 수 있다.

자신이 어떤 생각과 감정을 품고 있음을 인정하고 싶지 않아 남들과 공유하지 않으려 할 때도 있다. 그러나 우리는 다른 사람이 어떻게 느끼는지 얼굴을 **보기만** 해도 안다. 잘 모르겠으면 물어보기도 하고 대화를 통해 분명한 답을 얻기도 한다. 동물과는 엄연히 다른 모습이다.

우리는 동물에게 무슨 생각을 하고 어떤 감정을 느끼는지 손쉽게 질문을 던질 수 없다. 그들의 몸짓 언어를 해석하는 일도 늘 쉽지만은 않다. 하지만 동물과 상호작용을 하다 보면 아무래도 해석의 기술이 향상되기 마련이다.

개와 상호작용하는 데 익숙한 사람이라면 꼬리를 흔드는 개의 동작이 예외가 없는 것은 아니어도 기분 좋아서 하는 표시라는 것을 모를 수 없다. 꼬리를 흔드는 동작도 느린지 빠른지에 따라, 오른쪽으로 보다 치우쳐 있는지 왼쪽으로 치우쳐 있는지에 따라, 상황에 따라 각기 의미가 다르다. 반려견을 키우는 사람들은 심각하게 고민하지 않아도 자기 집 개의 행동을 해석하는 법을 늘 배우고 익히게 된다.

그렇지만 이 사람들이 고양이를 만나서도 같은 식으로 해석한다면 우려스러운 상황이 벌어질 공산이 크다. 고양이가 짜증의 표시로 조용히 꼬리를 흔드는 행동을 우호적인 감정이나 기쁨의 표현으로 오인하게 되면 손을 할퀼 수 있다. 개가 사람의 무릎에 머리를 두는 것은 좋아해서 하는 행동으로 볼 수 있지만, 코끼리가 비슷한 행동을 시도한다면 무조건 빨리 도망가는 게 좋다. 코끼리의 경우에는 머리를 이용해 사람을 압박해서 해치려 들 때 하는 행동이니 말이다.

나 자신을 경험하는 것과 다른 사람을 경험하는 것 사이에는 큰 차이가 있다. 나 자신에 관한 경험은 외부적으로나 내부적으로 주어지는 어떤 것을 경험하는 것인 반면, 타인에 대해서는 외부적인 것만 경험할 수 있다.

코끼리의 사례는 우리 모두 독심술사가 아니라는 사실을 보여준다. 코끼리의 행동에 관해 사전 지식이 없으면 그 의도를 쉽게 알 수 없다. 우리가 알 수 있는 정보라고는 코끼리의 몸과 움직임, 코끼리가 내는 소리 정도다.

코끼리가 뭔가 **의도**가 있음을 한눈에 알아볼 수는 있지만, 그 의도가 **무엇**인지 정확히 알려면 배경 지식이 필요하다. 사람의 의식이 감춰져 있지 않은 것처럼 코끼리나 개, 고양이의 의식도 '감춰져' 있지 않다. 의식은 우리의 눈앞에 있고 동물의 몸에 드러나 있다. 뇌 속에서만 의식을 찾는 것은 잘못된 생각이다.

의식은 내 몸과 세계의 중심이라 할 수 있다. 자아의 위치를 손가락으로 가리키는 건 어렵지만 위치를 정해본다면 몸

전체에 있다고 말해야 할 것이다. 칸트는 이에 대해 《형이상학의 꿈에 의해 해명된 시령자의 꿈(1766)》에서 이렇게 이야기했다. 영혼이 **어디에** 있는지 말하려고 한다면 우리는 이렇게 말해야 할 것이다. "나는 내가 느끼는 곳에 존재한다. 머릿속에서만큼 손끝에서도 직접 존재한다. 나의 영혼은 몸 각 부분뿐 아니라 전체에 퍼져 있다."[49]

의식이 깨어 있다는 것은 행위자로서 몸을 가지고 세계 내에 존재하는 것을 말한다. 의식은 다른 사람이 볼 수 있는 어떤 것인데, 우리도 그것의 존재를 알아보는 능력이 있다. 하지만 우리 눈에 바윗덩이나 의자 같은 물건이 보이는 것처럼 의식이 보이는 건 아니다. 눈으로 보이지만 이해할 수 있어야 한다. 아니 이해할 수 있으므로 보인다고 해야 할 것이다.

인간은 두뇌가 큰 척추동물로, 아이디어를 내고 문제를 해결하는 능력이 탁월하다. 이 말은 다른 동물에게도 똑같이 적용할 수 있다. 인간은 이들과 진화의 역사를 매우 비슷하게 걸은 까닭에 인간에게 있다고 생각하는 특성, 의식이 이들에게도 있으리라 생각하는 것은 이치에 맞게 보인다.

우리가 동물과 공유하고 있는 심리적 특성이 많다는 사실은 동물을 이해하기 위한 전제 조건이 된다. 인간과 동물의 차이가 심대하다는 점은 고려해야겠지만 이런 공통점 덕분에 인간의 심리학을 토대로 우리는 동물을 이해할 수 있다. 많은 생물학적·행동학적·관계적 특성을 공유하고 있는 인간과 동물 사이에 약간의 심리학적 특성도 공유되지 않는다고 말한다면 오히려 더 이상한 일일 테니까 말이다.

부분적으로 겹치거나 독자적으로 분류할 수 있는 다음의 5가지 항목은 어떤 생명체가 의식·선호도·의도 등을 가지고 있는지를 판단할 때 근거로 삼는 기준이다. (1) 언어, (2) 부호·소리·냄새를 통한 비언어적 의사소통 등의 행동, (3) 학습 능력과 문제 해결 능력, (4) 인간과의 신경학적 유사성, (5) 인간과의 진화적 유사성.

이 다섯 가지 기준은 그 경계를 뚜렷이 설정할 수 있는 것은 아니지만 이런 기준들을 통해 개별 동물이 특정 능력을 보유하고 있다는 사실을 추정하는 근거를 알 수 있다. 그런데 기준을 여러 개 충족하는 동물이 반드시 기준을 적게 충족하는 동물보다 '의식이 더 발달했다'라고 볼 수는 없다. 기준을 얼마만큼 충족시키느냐 하는 정도도 문제가 되기 때문이다.

불가사리는 뇌가 없으니 의식이 있을 이유가 거의 없다. 그렇다 해도 불가사리를 보면 마치 의식이 있는 것처럼 보여서 이런 믿음이 흔들리기도 한다. 겉보기에 불가사리는 제법 의도가 있는 것 같은 행동을 보여주니 다른 때 같았으면 우리는 아마 이 생물체에 의식이 있다고 생각했을 것이다. 이런 식으로 애매한 회색 지대도 존재한다.

의식이 있는 동물과 의식이 없는 동물을 깔끔하게 경계를 그어 구분하기란 꽤 어렵다. 2012년, 신경과학을 전공하는 여러 연구자가 모여서 〈의식에 관한 케임브리지 선언〉을 발표했다. 포유류·조류·문어를 비롯해 인간을 제외한 동물 상당수가 의식을 만드는 신경학적 기반을 소유하고 있는 것이 명백하다는 견해를 담은 성명서였다. 이 중 많은 동물이 의식이 있다는 뚜렷한 증거를 보여주므로 이에 반대하려면 입증의 책임은 이를 부정하려는 사람에게 있다는 내용도 들어 있다.

오스트레일리아의 철학자 피터 고프리 스미스는 자이언트 태평양문어를 논의의 출발점으로 삼으며 의식이란 것을 우리가 가지고 있거나 없는 어떤 대상으로 보는 일반적인 시각이 잘못됐다는 주장을 내놓았다.[50]

사람들 모두 인간이 의식이 있다는 데 이견이 없고, 침팬지와 돌고래도 의식이 있다는 데 대부분 동의한다. 반면 개미가 의식이 있다고 주장하는 일은 거의 없다. 이 두 극단 사이에 의식을 가지고 있는 것처럼 보이는 어마어마한 동물 종이 정도의 차이를 보이며 분포한다는 것이다.

의식을 정도의 차이를 드러내는 어떤 것으로 바라볼 때의 문제점은 '약간의 의식'을 가지고 있다는 것이 어떤 것인지 짐작하는 게 쉽지 않다는 점이다. 약간의 기억력을 가지고 있는 것과 고통을 '약간' 의식하는 것은 서로 다른 문제다. 고통을 느끼느냐 안 느끼느냐로 말하는 것이 보다 자연스럽게 느껴진다.

그렇지만 고프리 스미스는 의식을 진화의 역사를 통해 발전한 어떤 것으로 본다면 의식은 어느 날 갑자기 없던 것이 생명체 내에서 완전하게 만들어져 툭 튀어나온 게 아니라 조금씩 서서히 발전되었다고 보는 게 타당하다고 주장했다.

우리는 의식이 있을 때 그 속에서 외부의 현실을 일종의 내적인 이미지로 형성한다. 짐작건대 이 의식은 주관적 경험을 한층 발전시킨 결과로 보인다. 인간이 가진 것과 같은 종류의 의식이 없는 동물도 고통·허기·갈증 같은 기본적인 현상이나 물속에서 숨을 오래 참을 때 공기를 필요로 하는 경험 등을 느낄 수 있다고 추정하는 것은 이치에 맞다.

이런 경험은 우리가 지금 겪고 있는 느낌이며, 외부 세계를 객관적으로 이미지화할 수 있는 풍성한 능력과 결합되지만, 이런 능력이 없어도 이 같은 경험을 할 수 있다고 보는 것은 터무니없지 않다.

우리는 몸에 상처를 입은 닭과 물고기가 평소 그들이 좋아하는 먹이가 아니지만, 진통제가 든 먹이를 좋아하는 먹이가 있을 때도 선택하는 모습을 관찰할 수 있다. 이는 그들이 고통을 느끼고 있으며 고통을 완화해주는 먹이를 선택한다는 것을 말해준다. 닭은 통증을 어떻게 느낄까? 그 답은 알 수 없지만, 우리가 고통을 겪을 때의 경험과 비교하는 수밖에 없다.

의식을 논하는데 의식의 **형태**를 구별하는 것도 중요한 문제다. 미국의 철학자 네드 블록은 의식을 현상적 의식과 접근 의식으로 구별했다.[51] 접근 의식은 어떤 생명체가 다른 정신 상태와 행동을 일으키거나 영향을 받을 수 있는 정신 상태에 놓여 있는 때를 의미한다.

뜨거운 철판 위에 손을 댔다가 황급히 손을 떼는 상황을 가정해보자. 순식간의 일이어서 뜨겁다는 걸 미처 인지하지 못할 수 있다. 이때 이 뜨거움이 접근 의식의 일환이라고 할 수 있다. 아직 뜨거움을 의식하는 경험은 하지 않았지만, 이 뜨거움이 손을 떼는 행동을 유발하기 때문이다.

다음 순간 관심이 뜨거움으로 향하고 이제 뜨거움을 **경험한다**. 이때의 뜨거움이 현상적 의식에 속한다. 현상적 의식은 한 유기체가 정확히 그 유기체로 존재하는 상태가 어떤 기분인지, 그 유기체가 자신이 처해 있는 상태를 어떻게 경험하는지 나타낸다. 이 경우는 뜨거움의 상태에 있는 것을 의미한다.

현상적 의식은 없고 접근 의식만 가진 경우는 'DF'라고

명명된, 일산화탄소중독으로 뇌손상을 입은 한 여인의 사례를 통해 알 수 있다.[52]

그녀는 물체의 형태와 위치를 알아보는 능력을 상실했다. 색깔은 식별할 수 있지만, 흐릿한 점밖에 보지 못했다. 그녀에게 지금 있는 방에 무슨 물체가 있는지 물건이 어떻게 배치되어 있는지 묘사해보라고 하면 대답하지 못했다. 하지만 방을 지날 때 어떤 물건에도 부딪히지 않았다.

가느다란 구멍에 편지를 넣어보라고 하면 구멍의 각도를 여러 번 바꿔도 문제없이 해냈다. 그러나 그 구멍을 보는 시각적 경험을 갖지는 못했다. 그녀의 접근 의식은 정상이지만 감각 정보가 들어와서 목표한 작업을 수행하도록 해주는 것에 대한 경험을 소유하지는 못하는 것이다.

좀 더 깊이 들어가 보자. 현상적 의식은 1차원적 이론과 고차 이론(2차원적 이론)으로 나눌 수 있다. 1차원적 이론에서는 현상적 의식이 자기 자신과 주변에 대해 지각한다고 보았다. 이러한 형태의 지각은 곤충을 포함해 동물 세계 전반에서 폭넓게 관찰할 수 있을 것이다.

그렇다면 1차원적 이론이 현상적 의식이 의미하는 바를 잘 표현할 수 있을까. 고차 이론을 지지하는 사람들은 아니라고 답한다. 그들은 현상적 의식 상태를 생명체가 '알아차리는'

현상으로 본다. 주관적으로 받아들이고 의도적으로 특정 방식으로 **느끼는** 상태여야 한다고 주장하는 것이다. 어쩌면 현상적 의식에 대해 이보다 더 그럴듯한 해석을 내놓을 수 있겠지만 그때 현상적 의식은 동물의 세계에서 훨씬 더 찾아보기 힘든 희귀한 현상이 되고 말 것이다.

하나의 행동, 가령 몸에서 상처 입은 부위를 보호하려는 행동 같은 경우를 놓고서도 이 생명체에게 접근 의식만 있다는 주장과 현상적 의식도 있다는 주장이 모두 성립된다. 행동 자체만 떼어놓고 보면 어느 설명이 맞는지 판단을 내릴 근거를 찾기 어렵다. 인간과 가까운 동물이라면 신경학적 발견을 판단의 지침으로 삼을 수 있다. 인간에게서 인식되는 현상적 의식을 만들기 위한 신경계의 기초부터 살펴보고, 그를 바탕으로 다른 동물에서도 그 유사점을 찾을 수 있는지 확인하는 것이다. 이런 과정을 통해 우리는 상당수 동물 종, 적어도 포유류는 전부 현상적 의식을 한다는 사실을 알 수 있었다.

그러면 인간과 그다지 가깝지 않은 동물은 어떨까? 몇몇 문어 종을 제외한 무척추동물 중 어떤 종도 그런 현상적 의식을 가지고 있는 것으로는 보이지 않았다. 갑각류가 고차원의 의식이 있다고 추정할 근거는 거의 발견하지 못했다. 갑각류에는 이러한 의식이 가능하려면 반드시 가지고 있어야 한다고 추정되는 신경학적 역량이 없기 때문이다.

그렇지만 게는 고통을 느낀다고 볼 만한 이유가 있었다. 게는 통증 수용기가 있는 데다가 통증을 일으키는 원인은 무엇이든 피하려는 행동을 보였다.[53] 바꿔 말하면 게는 접근 의식은 있으나 반드시 현상적 의식이 있다고 보기 어렵다. 따라서 게는 통증을 느끼기는 하나 느낀다는 것을 **인지하지** 못한다. 우리는 깊은 현상적 의식 속에서 통증을 인지하므로 게의 느낌이 어떤 것인지 상상하기 쉽지 않다. 하지만 앞에서 언급한 뜨거운 철판을 떠올리면 어느 정도 짐작할 수 있다.

그런데 고통의 감정적 차원과 그 고통이 괴로운 것이라는 사실을 알아차리는 것이 별개의 문제일 수 있다는 사실을 경험적으로 알 수 있었다. 특정 부위에 뇌 손상을 입은 환자 가운데는 통증을 알아차릴 수는 있는데 그것이 고통스럽지 않다고 보고하는 사례가 있었다.

그럼에도 어떤 동물이 인간이라면 고통을 느낄 것으로 예상되는 상황에서 인간과 비슷하게 반응한다면, 경험상 우리는 그 동물도 고통을 느낀다고 아니 괴로워한다고 추정해야 한다. 그 동물이 고통을 느끼는 데 필요한 신경학적 조건을 갖고 있지 않다고 믿을 충분한 이유가 있지 않다면 말이다.

곤충이 그렇다. 곤충은 신체가 훼손됐을 때도 몸을 움직일 수만 있으면 보통 때처럼 움직인다. 몸의 반쪽이 잘려 나가서 내장이 삐져나와도 먹는 것을 멈추지 않는다. 이로 미뤄볼 때 곤충은 통증이 존재하지 않는다고 볼 수 있다. 하지만 우리 인간을 포함해 다른 많은 동물에게는 엄연히 존재한다.

6장 동물의 왕국에는 숱한 생각들이 넘쳐난다

동물이 생각을 하는지 혹은 어떻게 생각하는지 결정할 때 발생하는 문제가 있다. 우리가 '생각한다'의 의미를 명확히 확립하지 못했다는 점이다. 우리가 생각한다는 것에 관해 가지고 있는 개념은 인간의 삶을 근거로 한 것인데 이조차 모호하게 느껴질 수밖에 없다. 하지만 우리는 오해 없이 일상 언어로 '생각한다'라는 말을 쓴다.

누군가 "무슨 생각을 하고 있나요?"라고 물어온다면 '생각한다'라는 말이 무슨 뜻인지 이해하지 못할 리 없다. 문제는 우리가 동물의 정신 활동에 관해서 이야기할 때 발생한다. 내가 가재는 생각할 수 없다고 말했다고 치자. 무슨 소리인지 이해가 가는가.

가재가 생각할 수 없다는 것은 정확히 무슨 의미인가. 가재는 '5+7은 얼마인가?' 같은 수학 문제를 풀 리 없고 쓰거나 읽을 수 없다. 그러면 이런 능력이 생각한다는 뜻일까? 이런 활동은 생각한다는 것을 보여주는 사례에 해당하겠지만, 이런 능력이 없는 사람도 생각하는 능력이 있는 것으로 볼 수 있다. '늑대 소년과 늑대 소녀'가 그런 경우다.[54]

가장 잘 알려진 사례는 1800년 1월 9일 프랑스의 생제르맹 숲에서 발견된 '아베롱의 야생 소년'이다. 12살 정도 된 이 아이는 말을 할 수 없었고 똑바로 선 채 느닷없이 변을 보았으며, 옷을 입혀주면 찢었다. 훗날 빅토르라는 이름이 붙여진 이 소년은 가까이 다가오는 사람이 있으면 종종 때리거나 밀쳤다. 주변 사람과는 자신의 주요 욕구를 충족시켜주는 정도 이상의 관계를 맺지 못했다.

이 소년은 야만인이었지만 대부분이 그가 생각할 줄 안다는 데 이견이 없었다. 이때 우리는 생각한다는 말과 관련해 빅토르, 그와 숲속에서 함께 자랐던 동물 사이에 근원적인 차이점이 존재하는지 같은 질문을 던져야 한다. 그렇지는 않은 듯 보인다.

그렇다면 생각에 관한 이러한 개념을 동물의 세계에 대입해보자. 문제는 얼마나 폭넓게 적용해야 할지에 있다. 조개가 생각할 수 없다는 데는 이론의 여지가 없다. 하지만 모든 포유류, 그리고 조류종 전체와 몇몇 오징어도 생각할 수 있다는 주장은 논란이 될 공산이 크다. 이런 주장의 근거는 포유류가 문제 해결 능력과 환경에 따라 행동을 바꾸는 능력이 있다는 점에 있다. 조개는 그런 행동을 할 수 없다. 이 두 집단 사이의 다양성은 엄청난 데다가 동물의 왕국에 명확한 선을 그어서 생각할 수 있는 동물과 생각할 수 없는 동물로 나누는 것은 극히 어려운 것 같다. 그러므로 우리는 그것이 할 수 있는 최선이라면 이 모호한 선에 만족해야 한다.

많은 동물이, 적어도 포유류와 그 밖의 여러 종이 생각을 할 수 있다는 증거는 차고 넘칠 정도로 많다. 그러나 그들이 언어를 쓰지 못한다는 지적 역시 간과할 수 없다. 고도의 훈련을 받은 침팬지 워쇼와 고릴라 코코처럼 수화를 사용하는 특별한 능력이 있는 동물들도 우리가 생각하는 그런 언어를 사용하는 능력이 있는지는 의문이다.

내 말의 요점은 이들 몇몇 개체 외에도 동물의 왕국에서는 무수히 많은 생각들을 볼 수 있었고 그 이상도 일어난다는 사실이다. 동물은 의사소통 수단인 언어가 없어도 비언어적 의사소통 형태로 얼마든지 생각을 하는 것이 가능하다. 그것이 정확히 어떤 형태인지 우리가 알 수는 없지만, 마음에 그림을 그리는 방식일 수 있다고 추측해볼 수 있다.

침팬지가 먹을 것과 관련된 문제를 해결하는 모습을 보고 있으면 마치 무언가를 심사숙고라도 하는 양 보인다. 우리는 그들이 **어떤 식으로** 생각하는지 알지는 못한다. 하지만 상상으로 대상을 그려볼 수는 있지 않을까. 즉 대상을 해체했다가 다시 조합해보고 돌려보고 비교해보기도 하는 방식이 아닐까 추측할 수 있다. 다차원적인 내면의 공간에서 마치 한 편의 영화처럼 말이다.

이 가설을 검증할 방법을 찾기는 어려우므로 우리는 이런 식으로 사고할 거라고 생각할 수 있다고 말하는 데 만족해야 할 것이다. 이러한 이미지나 영상의 내용은 입말로 반드시 옮겨질 수 있는 것은 아닐 것이다. 그림의 역할이 일반 언어로는 표현할 수 없는 것을 그림에 담아내기 위한 것이라고 한다면, 같은 식으로 동물의 정신세계에서 일어나는 내용도 보통의 언어로 직접 옮기기 어려울 것이다. 인간도 이런 식의 비언어적 차원의 사고를 하므로 동물도 우리와 비슷하게 언어에 의하지 않은 사고를 할 수 있을 것으로 추측된다.

이 경우에 언어는 독일의 철학자 한스 게오르그 가다머를 비롯한 몇몇 철학자의 말처럼, '이해를 위해 존재하는 보편적인 의사소통 수단'이 아니다.[55] 그렇다 하더라도 인간의 이해

과정이 언어로 이뤄진다는 것은 부인할 수 없다. 지능이란 개념을 문제 해결 능력이라고 본다면 이때는 언어 사용 능력이 필요하지 않다. 우리는 말을 하지 못하는 많은 동물 종에서 문제 해결 능력을 종종 발견한다.

서로 다른 동물끼리 지능을 평가하는 일은 쉽지 않다. 지능을 평가할 때 어떤 기준을 써야 할지 명확하지 않아서다. 짐작건대 '지능적'이라 함은 개별 생명체마다 주어진 환경에 따라서 상대적으로 간주해야 하는데, 동물은 저마다 매우 다른 환경에서 살아간다. 쉽게 말하면 어느 한쪽에 치우치지 않는 공정한 기준이 존재하지 않는다는 것이다.

어떤 기준이 없는 상황에서는 비교 평가를 할 수 있는데, 이 평가를 하려면 특정 동물의 행동에 보다 적합한 구성을 짜야 할 필요가 있다. 지능을 측정하는 데 하나의 올바른 절대적인 기준이란 없어서다. 사용한 기준에 따라 더 영리하다 또는 덜 영리하다는 결과가 나올 수 있다. 우리는 특정 과제를 푸는 능력을 근거로 두 가지 종의 동물을 비교해서 한 종이 다른 종보다 우수한 수행 능력을 보인다고 판단한다. 하지만 그 특정 형태의 과제를 푸는 능력이 공정한 척도는 아니다. 어느 한 종이나 종족에 더 주요한 능력일 가능성이 있어서다.

동물의 지능과 관련된 어떤 것을 가리킬 때, 우리는 인간의 지능 측정 기준 외에 적용할 기준이 없다 보니 이 기준을 가지고 말하게 된다. 인간의 지능을 측정할 때 어떻게 문제를 구성할까 하는 문제는 또 다른 고민거리다. 이를테면 IQ가 적합한 측정법인지 확실하지 않다. 인간의 지능 역시 수학 문제를 푸는 능력에서 실전 문제를 해결하는 능력까지 다차원적인 여러 능력으로 구성되어 있다.

중요한 것은 지능에 관해 우리가 가지고 있는 개념이 인간의 정신세계를 바탕으로 한 개념이라는 점이다. 어떤 것이 똑똑하다는 것에 대한 개념을 인간의 지능을 근거로 정립했다는 얘기다. 이때 어떤 사람은 인간 외의 동물 종의 '지능'은 인간의 지능과는 완전히 다른 성격의 것이라고 주장하기도 하는데, 이 주장이 말이 되지 않는 건 아니다.

문제는 그 다른 것이 무엇인지 그들도 모른다는 점이다. 그들도 우리의 의식에서 끌어온 개념 말고는 지능에 대한 다른 개념을 모르기 때문이다. 동물의 지능을 판정하기 위해 과학의 테두리 안에서 취하는 일반적인 방법은 동물에게 난이도가 서로 다른 실제적인 과제들을 제시하고 사람의 도움 없이 어느 정도까지 해결하는지 확인하는 것이었다. 이런 평가 과정에 문제가 없는 것은 아니다.

늑대는 개보다 이런 방식의 테스트를 더 잘 수행하는 편이지만 늑대가 개보다 영리하다고 말할 수는 없다. 늑대는 혼자서 문제를 해결하려 하지만 개는 사람에게 의존하려는 성향이 더 강하다는 점을 고려해야 하기 때문이다. 더구나 자신에게 닥친 실질적인 문제를 풀기 위해 누군가를 데려오는 것도 지능의 한 면모로 볼 수 있다.

우리 집 반려동물들은 내가 그들을 훈련시키는 것보다 그들이 나를 더 잘 훈련시킨다. 배변 훈련 등 어느 정도까지는 내가 주도하지만, 그들 역시 나를 훈련시켜서 자신들이 바라는 것을 중심으로 내 생활을 재편하게끔 한다. 배가 고픈지, 나가고 싶은지, 먹을 것이나 보살핌을 필요로 하는지 내가 확인하도록 하고, 우리 집을 그들이 편리하게 생활할 수 있게 꾸미도록 한다. 그러므로 동물의 지능은 독립적인 행동이든 도움을 받는 행동이든 동물이 원하는 실제 결과로 이어지는지 관찰함으로써 실용적인 관점에서 측정해야 한다.

한때 영특한 동물로 유명세를 날리던 말, 영리한 한스가 있었다.[56] 동물에게 존재할 리 없는 고차원적인 정신 능력이 있다고 사람들이 얼마나 쉽게 속아 넘어가는지 보여주는 사례로 문학작품의 단골 소재가 되기도 했다. 영리한 한스는 연산·읽기·철자법을 비롯한 어려운 문제를 척척 푸는 놀라운 동물로 알려졌다. '7+5는 얼마인가?' '어느 달의 9일이 수요일이면 토요일은 며칠일까?' 같은 질문도 용케 맞혔다. 주어진 노트에 질문을 적어서 물어도 정답을 맞혔다.

영리한 한스의 주인인 빌헬름 폰 오스텐은 수학 교사이자 말 조련사였다. 영리한 한스가 나중에 유명해지자 독일 교육 당국에서는 13명의 유능한 판정단으로 심사위원회를 구성해 조사를 벌였다. 1904년 세상을 놀라게 한 영리한 한스의 능력에는 속임수가 없다는 결과가 발표되었다.

몇 년 후 심리학자 오스카 풍스트는 좀 더 통제된 실험을 고안해 영리한 한스의 실력을 보다 면밀하게 검증했다. 그 결과 이 말은 주인이 아닌 사람이 낸 문제도 맞힐 수 있지만, 주인이 답을 모르는 문제는 맞히지 못한다는 사실이 밝혀졌다.

정밀 조사를 조사해보니 영리한 한스는 주인도 의식하지 못하는 주인의 미세한 동작에 반응하는 것이 분명했다. '7+5는 얼마인가?'란 질문에 영리한 한스가 말발굽을 12번 구른 것은 실제로 덧셈을 해서가 아니었다. 어떤 말이 '7+5=12' 같은 수학 문제를 푸는 능력이 있다면 이는 대단한 정도가 아니라 놀라서 자빠질 일이다. 이런 계산은 말이 사는 세계나 말의 관심사와는 동떨어진 세계에 속한 일이기 때문이다.

영리한 한스의 예에서 우리는 가능한 한 통제된 실험을 하는 것이 얼마나 중요한가라는 교훈을 얻었다. 좀처럼 주목받지 못했지만, 영리한 한스가 실제로 발휘한 능력도 대단한 것이었다. 주인의 미세한 무의식적 동작을 해석해 말발굽으로 구르는 행동으로 변환하는 것 자체도 무시할 지능이 아니다.

비둘기는 약간의 훈련을 받으면 바흐와 스트라빈스키의 음악을 100%는 아니지만, 어느 정도까지 구별한다.[57] 반면 피카소와 모네의 그림은 놀라우리만치 구별해낸다.[58] 브라크·마티스·세잔·르누아르의 그림을 구별해보라고 하면 브라크와 마티스의 그림은 피카소의 그림과 같이, 세잔과 르누아르의 그림은 모네의 그림과 같이 두기도 했다. 예술사적 관점에서 볼 때 탁월한 안목이다. 미술관에 자주 가는 사람 중에도 작품 보는 눈이 이보다 없을 수 있을 듯싶다.

그런데 비둘기가 정확히 이 그림들의 **무엇을** 보고 차이를 파악하는지 짐작이 가지 않는다. 이렇게 구별하는 것을 보면 비둘기는 개념을 형성하는 능력이 있는 것일까? 그 답은 어떤 사람이 개념을 갖고 있다고 말하려면 필요한 것을 무엇으로 보느냐에 따라 달라진다. 인간은 대상에 관한 개념을 실제로 가지고 있지 않아도 그 대상을 분류하는 것이 가능하다.

어떤 사람에게 회로판의 개념을 알려주지 않고 버려진 컴퓨터에서 부품을 뜯어내 분류한 다음 회로판만 한쪽에 쌓아두라고 하면 이 작업을 수행할 수 있다. 혹자는 이 사람이 실제로 회로판에 관한 개념이 있는 거나 다름없다고 주장할 수 있겠지만 그것은 단순히 '여기저기 지나는 구리선이 얇은 층을 이루며 쌓여 있는 초록색 납작한 판'이라는 특징을 가리킨다. 이러한 개념에는 회로판이 컴퓨터에서 어떻게 작동하는지에 관한 이해는 포함되어 있지 않지만, 이 개념 역시 회로판의 개념인 것은 사실이다.

개념을 가졌다고 볼 정도로 대상을 구별하는 능력이 충분하다면 비둘기에게도 개념을 형성하는 능력이 있다고 보는 것이 타당하다. 비록 다양한 화풍을 구별할 수 있게 해주는 개념이 어떻게 형성되었는지 알 수 없을지라도 말이다. 개념을 가지고 있다고 생각할 정도로 대상을 구분 짓는 능력이 충분하다면 이는 언어가 개념을 가지기 위한 필수 조건이 아니라는 것을 의미한다. 말을 하지 못하는 동물도 대상을 구별 짓는 것과 비슷한 능력을 발휘하는 것이 관찰되기 때문이다.

학습 능력은 지능 수준을 알 수 있는 지표다. 학습은 주로 모방을 통해 이뤄지는데, 이런 모방과 학습은 동물의 세계 어디서나 흔히 일어난다. 인간과 다른 영장류뿐 아니라 제한적인 인지 능력을 소유한 곤충에서도 관찰할 수 있다. 흉내 내고자 하는 대상한테 종종 유익한 특징이 있는 경우가 많으므로 이는 유리한 진화적 전략이라 할 수 있다. 덜 유익한 행동을 하는 개체는 일찍 사망하므로 보다 적게 모방의 대상이 될 것이다.

두려움에 대한 반응 또한 모방의 대상이 되기도 한다. 선천적으로 가지고 있는 공포 반응 또한 존재한다. 붉은털원숭이가 뱀을 무서워하는 행동은 모방된 공포 반응을 보여주는 예인데, 야생 원숭이한테서만 이 공포심을 찾아볼 수 있다. 자연과 차단되어 제한된 공간에서 자란 원숭이에게는 나타나지 않는다. 야생 원숭이가 겁에 질린 다른 원숭이의 반응을 모방함으로써 공포 반응을 학습했기 때문이다.

포유류의 세계 밖에서도 관찰을 토대로 다양한 종이 모방 행동을 하는 것을 발견할 수 있었다. 학습 행동의 사례로 많이 보고되는 푸른박새는 우유병 따는 법을 학습했다.

처음에는 영국 남부 해안의 작은 마을에서 푸른박새가 우유병 뚜껑에 구멍을 쪼아 영양가 높은 우유를 훔쳐먹는 모습이 목격되었다. 그 후 온 동네의 우유병 뚜껑에 구멍이 뚫린 모습이 급증하더니 수십 년에 걸쳐 영국 전체를 넘어 대륙까지 퍼져 나갔다.

인간은 온갖 것을 가르치고 배운다. 다른 동물 종의 세계에서도 어린 개체가 경험이 풍부한 개체의 행동을 모방하면서 학습한다. 한 개체가 다른 개체를 가르치는 교사 역할을 맡는 모습은 볼수록 진기하다.

어미 개가 새끼에게 계단 내려가는 법을 가르치는 과정을 보자. 어미 개는 먼저 계단을 내려가며 어떻게 걷는지 천천히 보여주고 다시 계단을 올라 새끼를 데리고 내려간다.

어른 미어캣이 어린 미어캣에게 전갈 잡는 법을 가르치는 모습은 더 신기하다. 미어캣은 마치 학생의 나이를 고려해 난이도를 조정하는 것처럼 처음에는 침을 제거하는 등 다루기 쉬운 전갈과 싸우게 하고, 그다음 한결 힘든 상대와 붙게 한다.[59] 이렇듯 사람 사이에서만 사제 관계를 볼 수 있는 건 아니다. 하지만 인간 사이에서 배우고 가르치는 것이 변주되는 양상만큼 놀라우리만치 다양한 것도 없을 것이다.

미어캣은 커리큘럼상에 전갈 잡기라는 하나의 목표를 세워두고 있었다. 다른 종도 비슷하게 '학교 교육'을 했다. 집고양이는 새와 쥐를 살아 있는 채로 잡아 와서 새끼에게 주고 그것으로 연습할 수 있게 해주었다.

범고래는 새끼들에게 뭍으로 올라와서 바다표범을 잡은 다음 다시 바다로 돌아가는 법을 단계별로 가르쳤다. 돌고래는 새끼들이 물고기 잡는 법을 연습할 수 있도록 자기가 잡은 물고기를 살아 있는 채로 풀어놓았다. 이외에도 많은 예가 있겠지만 상대적으로 진기한 사례를 소개했다.

여기서 고양이·범고래·돌고래는 그들의 학교에서 단 하나의 과목만 가르친다는 점이 중요하다. 인간은 의사소통 매체인 언어를 가지고 이보다 훨씬 폭넓고 빠르게, 그리고 정확하게 무언가를 가르치고 배운다.

인간 말고 동물도 경험을 바탕으로 세상에 대한 인식을 형성하는 것이 가능함을 알 수 있다. 일부 동물은 추론하는 능력, 즉 자신이 체험한 경험을 근거로 결론을 내리는 능력까지 보여주기도 했다. 하지만 'X가 사실이라고 믿을 근거를 뒷받침할 만큼 X라는 인식의 증거는 충분한가?'라는 질문을 던질 수 있는 존재는 인간뿐이다. 그럼에도 우리는 이해할 수 없을 만큼 종종 이런 질문을 하지 않는다는 사실에 주목해야 한다.

우리는 원래의 신념을 지지할 근거가 약해지고 그와 반대되는 증거가 쏟아져 나오는 때조차 기존의 신념을 고수한다. 인간은 적어도 동물과 달리 이 같은 질문을 던질 능력이 있다. 그러므로 우리는 동물이 생각할 수 있는지 혹은 자신들의 존재를 인식할 수 있는지를 판단할 때도 이런 질문을 스스로에게 던져야 한다.

——————— 7장 지금 우리는 거울 속 흐릿한 모습을 보고 있다

〈고린도전서〉 13장 12절에 "우리가 지금은 거울로 보는 것 같이 희미하나 그 때에는 얼굴과 얼굴을 대하여 볼 것이요"라는 구절이 있다. 사도 바울이 살았던 시대의 거울은 금속 표면에 광을 낸 것이라 오늘날 거울보다 상이 선명하지 않았겠지만, 수정같이 맑은 오늘날 거울에 비친 모습도 순식간에 알아볼 수 있는 어떤 것은 아니다.

거울 표면에서 나를 노려보는 저 사람은 대체 누구일까? 내가 이 사람을 확실히 잘 안다고 할 수 있을까? 나 자신을 이해하려고 할 때 나 자신과의 관계는 언어를 매개로 파악할 수 있다. 그래서 언어는 내 생각을 타인에게 전달하기 위해서뿐 아니라 나에게 전달하기 위해서도 필요하다. 칸트가 말한 것처럼 "우리는 말이 필요하다. 타인을 이해하기 위해서도, 우리 자신을 이해하기 위해서도."[60]

우리가 우리 자신을 이해하는 데 늘 성공하는 것은 아니지만 언어가 없었다 해도 우리는 우리 자신에게 수수께끼는 아니었을 것이다. 대부분이 지구상에서 우리가 살아가는 동안 완전히 풀리지 않을 수수께끼겠지만 말이다. 그러나 거울에 보이는 저 사람이 나라는 사실은 분명하다.

미국의 심리학자 고든 갤럽은 자기 인식 능력을 알아보기 위한 거울 실험을 1970년대에 고안했다. 테스트하려는 동물이 눈치채지 못하게 이마에 색을 입힌 다음 거울 앞에 서게 하는 실험이었다. 어떤 생명체가 자기 인식 능력이 있다면 거울 속에 비친 모습을 보고 이마에 표시가 있음을 알게 된다. 그러면 그 부위를 살펴보고 지우려 할 가능성이 크다.

인간은 18개월부터 거울 실험을 통과하는데 침팬지와 오랑우탄도 많은 수가 통과했다. 하지만 침팬지와 오랑우탄 중에서 통과하지 못한 경우도 꽤 있었다.[61] 어떤 침팬지는 거울 실험을 1번 통과했다가도 나중에 통과하지 못하기도 했다.[62] 침팬지는 우리가 알지 못하는 이유로 15살이 넘으면 거울 테스트를 통과할 능력이 현저히 떨어졌다.

고릴라·코끼리·돌고래·범고래·까치·비둘기가 거울 테스

트를 통과한 것에 대해 논란이 있었다. 침팬지는 평소에 이마를 자주 만진다. 이마에 표시가 생긴 침팬지가 거울 앞이 **아닐** 때 이마를 만지는 빈도수를 실험해보니 거울 앞에 있을 때보다 약간 적게 만지는 것으로 나타났는데 그 차이가 크지 않았다.[63] 이런 측면에서 거울 실험의 결론을 긍정적인 쪽으로 잘못 내렸을 가능성이 있다.

더 큰 문제는 불합격으로 내린 결론이 잘못되었을 가능성이다. 거울 실험에 불합격한 동물은 자기 지각이 없다고 말할 수 있는가. 실험 자체가 생경해서 거울에 흥미를 갖지 못하다 보니 주목하지 못했을지 모른다. 아니면 거울을 보지 않는 데는 종 특이성과 관련 있을 수 있다. 눈맞춤을 피하는 성향이 있는 고릴라는 거울에 비친 또 다른 한 쌍의 눈을 빤히 바라보는 것을 극도로 꺼릴 수밖에 없다.

고양이와 개는 거울 실험을 통과할 수준에 한참 미치지 못했다. 개 입장에서 그다지 이상한 일이 아니다. 개를 지배하는 것은 (1) 냄새, (2) 소리, (3) 시각이다. 거울은 냄새가 없어 개가 거울에 관심을 보일 이유가 없다. 강아지는 거울 앞에 있을 때 마치 다른 개가 앞에 있다는 듯이 행동하다가 냄새가 없음을 깨닫는 순간 관심을 돌렸다. 성견은 대체로 거울에 관심을 주지 않는다.

반면 후각 영역에서는 개도 다른 개를 구분한다. 반려견 루나가 산책을 나가면 자신이 표시한 영역에는 거의 관심을 보이지 않지만, 다른 개가 표시한 영역에 들어서면 엄청나게 흥미를 보인다. 자기 자신과 그 밖의 다른 모든 것이 서로 다르다는 것을 쉽게 아는 것이다. 자기 다리와 뼈다귀를 혼동하는 모습은 보지 못했다. 개가 자기 꼬리를 잡으려고 도는 행동은 꼬리가 몸의 한 부분임을 아는 순간 대개 멈춘다. 성견이 계속 꼬리를 잡으려고 한다면 이는 문제가 있다는 신호다.

어린아이들은 어떨지 궁금하다. 과연 거울 실험을 통과할까? 아기들은 18개월은 넘어야 거울 테스트를 통과한다. 하지만 문화적인 차이에 따라 결과는 다르다. 케냐·피지·그레나다·세인트루시아·페루·미국·캐나다 어린이를 대상으로 실험을 해보았다. 3-5세 어린이의 이마에 스티커를 모르게 붙인 다음 30초간 거울로 자신을 보도록 했다. 그 결과 미국·캐나다 아이들의 84%가 스티커를 떼어냈다.

그렇다면 16%의 아이들은 자기 지각력이 없다는 결론을 내려야 하는가. 그렇지 않다. 다른 나라 아이들의 합격률은 훨씬 낮았다. 세인트루시아 58%, 그레나다 52%, 페루 51%, 케냐 1%, 피지 0%를 기록했다. 그렇다고 세인트루시아·그레나다·페루 어린이 절반만이 자기 지각력이 있고, 케냐·피지 어린이들은 자기 지각력이 없다는 결론을 내려야 하는가. 당연히 그렇지 않을 것이다. 이는 문화·환경·경험이 이런 종류의 실험 결과에 결정적인 역할을 한다는 사실을 말해준다.[64]

나아가 사람 중에서도 자기 지각력은 분명히 있지만, 거울에 비친 얼굴은 알아보지 못하기도 한다. 가장 증세가 심각한 안면인식장애 환자 가운데는 가족과 친구의 얼굴을 알아보지 못할 뿐 아니라 자신의 얼굴조차 알아보지 못하기도 한다.

나는 거울 실험이 한 인간이나 어떤 종이 자기 지각력이 있는지 없는지 판단하는 '증거'로 아주 유용한 실험은 아니라고 생각한다. 거울 실험을 통과한 동물이 시사하는 것은 이들이 거울에 비친 상과 자신의 몸 사이에 어떤 관련성이 있음을 안다는 사실이다. 이것도 의미 있는 능력이다. 거울 실험을 자기 지각의 증거로 고려하는 것은 조금 이해하기 어렵다.

우리가 상대를 볼 때는 상대의 몸을 보고, 거울을 볼 때는 자신의 몸을 본다. 그 몸이 지각의 **단서**를 드러낼 수는 있지만 자기 지각은 관찰될 수 있는 **물체**가 아니다. 관찰될 수 있다고 하면 이런 질문에도 답할 수 있을 것이다. 지각의 폭은 얼마나 될까? 높이는 얼마나 되고 무게는 얼마일까? 어쩌면 색이 무엇인지 물을 수 있다. 이런 터무니없는 질문들은 지각은 물질적인 대상이 아니라는 사실을 극명히 보여준다.

칸트는 자기의식·이성·언어가 인간과 동물을 구별하는 중대한 잣대라고 보았다.[65] 칸트는 동물이 관념이 있고 세계 내에서 나름의 길을 찾아가며 이러한 관념에 부합되게 행동을 바꾸는 존재라고 확신했다.[66] 데카르트처럼 동물을 단지 자동기계로 보는 관점과는 대치된다.

그렇지만 동물은 자기의식과 자기 성찰을 할 수 있는 능력이 없는 데다 그 의식이 자신을 제외한 나머지 세계에 국한되어 있다고 보았다. 고통이나 배고픔 같은 내부 조건에 의해 행동이 유발될 수는 있어도 고통이나 배고픔을 의식의 대상으로 삼지는 못한다는 얘기다.

키르케고르가 말한 것처럼 인간의 자아란 다름 아닌 자기 자신과 맺고 있는 관계다.[67] 우리는 타인과도 관계를 맺고 있고 그 타인들은 우리와 관계를 맺고 있다. 우리는 타인이 우리에 대해 무엇을 생각하고 느끼는지 생각할 수 있고 타인이 우리를 어떻게 생각하는지 중요하게 생각한다.

인간 외에 다른 어떤 생물이 이러한 자아, 즉 자기 자신과 맺은 어떤 관계를 지니고 있을 수 있는지는 확실하지 않다. 동물은 우리에게 수수께끼이지만 그들에게는 그렇지 않다.

8장 동물의 시간은 늘 현재에 머물러 있을까

        로마 시대 철학자 세네카는 루킬리우스에게 보낸 124통의 편지에 동물은 영원히 **현재** 속에 살아가며 지금 그들의 지각에 들어온 것과 결부된 시간만 살아간다고 적었다.[68] 말은 길을 달릴 때 길을 인식할 수 있지만, 마구간에서는 길에 관한 기억을 잊는다.

        동물에게 과거는 현재의 무엇인가에 의해 떠올려질 때만 존재하고 미래는 존재하지 않는다고 세네카는 주장했다. 이런 시각이 대다수 철학자가 동물에 관해 가졌던 생각이었다. 동물의 생활 양식은 늘 현재에 머물러 있다는 생각 말이다.

        이와 비슷하게 프랑스의 철학자 앙리 베르그송은 주인을 알아보면 꼬리를 흔들고 짖는 개에게 과거 사진을 보여주는 것으로는 그런 행동을 유도하지 못한다고 기록했다.[69] 개는 현재 속에 살고 인간만이 현재를 벗어날 수 있는 것이 그 이유라고 베르그송은 주장했다.

그렇게까지 확신할 수 있는 것일까? 동물이 기억할 수 있으며 어떤 부분은 인간의 기억력을 능가한다는 사실을 많은 증거가 뒷받침하고 있다. 이를테면 침팬지는 인간보다 숫자를 더 잘 기억한다.[70] 특별히 훈련받은 침팬지에 해당하지만, 사람이 같은 훈련을 받는다 해도 침팬지의 수준에는 못 미친다.

모니터에 1부터 9까지 숫자를 무작위로 배치해 침팬지에게 보여준 다음 그대로 숫자를 누르게 하는 실험을 해보았다. 침팬지는 사람보다 아주 잠깐 화면을 보고서도 이 작업을 수행할 수 있었다. 기억력이 비범한 인간보다 제시된 숫자를 순서대로 더 많이 기억했다.

침팬지는 사진 같은 기억력과 정신 능력을 보유한 것처럼 보인다. 어떻게 지나간 일이 동물의 의식 속에서 생생히 재현될 수 있는지, 그 방법이 사진 기억을 통해서인지 무엇인지 정확히 알 수는 없다. 단지 동물이 지나간 일을 또렷이 **떠올릴** 수 있다는 사실은 반박할 수 없는 사실인 듯싶다.

많은 동물이 일종의 미래에 관한 개념이 있다는 것은 이들이 자신의 종과 다른 종의 행동을 예측할 수 있는 것을 보면 명확해진다. 어떻게 이런 일이 가능한지는 해석이 분분하다. 동물이 다른 동물의 의식에서 일어나는 일들을 알 수 있기 때문이라는 설도 있고, 어떤 특정 행동 다음에 으레 따르는 다른 형태의 행동을 알기 때문이라는 주장도 있다. 내 생각은 후자 쪽이다.

어느 쪽이든지 동물이 다음 순간 일어날 사건을 예상한다는 사실은 분명하다. 그들은 어떤 일이 일어날 것을 기대하고 그것이 일어나지 않을 때 실망감을 드러내기도 한다. 반려인들은 누구나 신발을 신을 때 산책하러 나가는 것일 수 있으므로 개가 뛸 듯이 기뻐하는 것을, 혼자 문을 열고 나갈 때 낙담하는 것을 수없이 보았을 것이다.

거꾸로 주인이 신발을 신을 때 개는 주인 혼자 나가는 것일 수 있으므로 낙담할 수 있지만, 다음 순간 주인이 목줄을 잡는다면 좋아서 어쩔 줄 모른다. 개가 의식 속에 과거의 경험을 간직하고 있었던 것이다.

이전에 누군가 자기 목줄을 잡았던 경험, 즉 산책하러 나갈 때 있었던 경험이 없었다면 주인이 목줄을 잡아도 개는 산책하러 나갈 거라고 기대하지 않았을 것이다. 그러므로 동물의 경험은 그 순간 그곳에서 감각에 들어온 것만 대상으로 하는 것이 아니다. 과거의 경험에서 끌어오기도, 미래에 일어날 경험을 예측도 하면서 그 성격이 만들어진다.

스웨덴의 푸루비크공원에 사는 수컷 침팬지 산티노는 동물이 미래에 대해 체계적으로 계획을 세울 수 있음을 보여주었다.[71] 사육되는 다른 침팬지들처럼 산티노도 동물원을 방문하는 관람객을 아주 싫어했다. 사육 중인 침팬지들이 방문객을 향해 뭔가를, 특히 배설물을 던지는 일은 종종 일어나는 일이었다.

그런데 산티노는 다른 침팬지들보다 이 일을 수행하는 데 훨씬 철두철미했다. 관람객이 오기 전 아침 일찍 우리 안을 돌아다니며 돌멩이를 주워서 한곳에 무더기로 쌓아두었다가 방문객이 도착했을 때 이 총탄을 발사했다. 산티노가 돌멩이를 수집할 때는 지극히 평온하지만, 던질 때는 격앙된 모습을 보였다는 점이 흥미롭다.

얼마 후, 산티노는 돌멩이뿐 아니라 우리에서 떼어낸 콘크리트 덩어리까지 무기로 썼다. 동물원 측에서는 이를 묵과할 수 없어 관람객이 도착하기 전에 산티노가 모아놓은 돌멩이를 돌아다니며 일일이 수거했다. 그러자 산티노는 짚 속에 돌멩이를 숨기는 방법을 택했다.

산티노가 공격성을 보일 때 동물원 가이드는 관람객을 우리에서 멀리 떨어진 곳으로 안내했다. 사정권 밖으로 관람객이 벗어나면 산티노는 짐짓 온순한 침팬지인 척하며 상냥한 태도로 다시 접근했다. 관람객이 사정권 안에 들어오는 순간 산티노는 돌변하며 인정사정없이 돌멩이를 던져댔다. 산티노의 결행력에 감탄할 수밖에 없었다. 동물원에서는 어쩔 수 없이 산티노의 호르몬 수치를 낮추기 위해 거세 결정을 내렸다. 그렇게 하자 산티노는 장난기 어린 토실토실한 침팬지가 되었다.

문제는 우리가 산티노의 행동을 어떻게 이해해야 하느냐는 것이다. 이런 행동을 하는 동안 산티노의 의식에서는 무슨 일이 일어났을까? 산티노가 돌멩이를 수집하며 현재의 자신에게 이익이 되지 않고 오직 미래에 도움이 될 어떤 행동을 할 때, 침팬지가 미래를 위해 계획을 세운다는 사실은 확실해진다. 이런 행동은 겨울에 대비해 견과류를 수집하는 행동처럼 다른 종에서도 찾아볼 수 있다.

하지만 산티노는 목표를 달성하기까지 접근법을 변경하는 등 놀라운 융통성을 발휘하기 때문에 미래 행동의 개념과 관련 있는, 의지가 개입된 사고 과정으로 볼 수밖에 없다.

개를 비롯한 다른 동물도 과거의 사건이나 자신과 관련 있는 사람을 기억한다. 그러나 과거의 사건이 개의 정신세계에 **어떤 식**으로 모습을 나타내는지는 확실치 않다. 개는 과거에 있었던 사건을 마음속에 그릴 수 있을까? 우리가 개의 내면세계를 들여다보고 무슨 일이 일어나는지 관찰할 수 없으니 정확히 알 수는 없다. 하지만 수면 중인 개도 꿈을 꾸는 것처럼 낑낑대고 으르렁거리고 버둥대는 것을 볼 수 있다.

고양이도 비슷한 모습을 보인다. 한 실험에서 렘수면(역설수면)일 때 몸의 움직임을 멈추게 하는 뇌의 작용을 일부러 마비시켜 고양이가 자면서 몸을 움직일 수 있게 했더니 자면서 뭔가를 눈앞에 본 것처럼 머리를 들어 올리거나 싸우기도 하고 먹이에 살금살금 다가가는 행동을 하기도 했다.[72]

이런 행동은 정신세계에서 일어나는 일들을 알려주는 외부적인 단서로 볼 수 있지만 우리는 고양이가 어떤 식으로 꿈을 꾸는지 알지 못한다. 고양이는 시각에 의해 주로 지배받는 동물이니 꿈도 그림의 형태일 공산이 크다. 개의 감각적 경험이 얼마나 강력하게 후각과 관련 있는지 생각하면 개가 꿈을 꾸면서 냄새를 맡으리라 추정하는 것도 가능하다.

그렇다면 박쥐가 꾸는 꿈은 청각과 관련이 가장 깊을까? 꿈을 꾸는 것으로 알려진 전기뱀장어는 어떤 꿈을 꿀까? 우리가 그렇듯이 동물의 꿈도 심적 표상이나 개념을 반영하는 것이라면 동물도 깨어 있을 때 느꼈던 과거의 자극이 꿈에 나타날 수 있을 것이다. 하지만 모두 **추측**일 뿐이다. 동물이 어떤 **종류**의 개념을 가지고 있는지도 해결할 수 없는 문제다.

동물이 음식을 발견했던 장소를 기억하는 것은 분명하다. 게다가 무엇을 어디서 찾을 수 있는지도 기억하는 것처럼 보인다. 상당한 고등 정신 작용을 할 수 있어야 가능한 일인데 새가 이런 능력이 있다.

파랑어치(스크럽제이)를 대상으로 벌레와 땅콩을 준 다음 숨기게 하고 다시 찾아보게 했다.[73] 벌레와 땅콩을 준 이유는 벌레는 금세 상해서 먹을 수 없고, 땅콩은 장시간 보존이 가능한 먹이라서 그렇다. 파랑어치는 땅콩보다 벌레를 선호한다. 파랑어치에게 이 먹이들을 숨기게 하고 몇 시간 뒤 찾게 하자 평소 가장 좋아하는 벌레를 먼저 찾았다. 하지만 5일 후에는 다른 행동을 보였다. 먹을 수 없는 상태의 벌레는 거들떠보지 않고 곧장 땅콩을 숨긴 장소부터 찾았다.

이 실험 결과는 새들이 먹이마다 유통기한이 다르다는 사실을 어떤 형태로든 알고 있고, 어느 먹이가 어디에 있는지도 기억하고 있음을 알려준다. 또한 새의 기억력이 꽤 좋다고 믿을 근거를 우리에게 제공해주었다. 하지만 파랑어치의 기억력이 어떤 형태인지, 기억에 관한 의식이 마음속 그림의 형태인지는 알 수 없다.

동물이 과거와 미래를 **어떤 식**으로 경험하는지도 알 수 없다. 분명한 것은 동물마다 경험하는 시간이 저마다 다르다는 사실이다. 인간은 영화나 애니메이션처럼 1초에 24장의 스틸컷(정지 화면)을 연속해 출력하면 이를 하나의 연속된 움직임으로 인식한다.

인간보다 시각 정보 처리 속도가 훨씬 빠른 비둘기의 눈에는 이것이 일련의 스틸 사진으로 보인다. 개는 인간보다 처리 속도가 빠르지만, 새보다는 느리다. 이것이 반려견 루나가 아무리 애를 써도 새를 잡지 못하는 이유인지 모른다. 개보다 훨씬 빠르게 시각 정보를 처리하는 새는 어쩔 수 없이 무조건 유리한 위치에 있게 된다.

반대로 가장 느린 쪽에 있는 달팽이를 보자. 장면 사이에 0.25초 이상 흐른다면 장면을 겨우 구별할 수 있을 정도다. 달팽이 앞에서 막대기를 1초 혹은 그보다 긴 시간 동안 4번 흔든다면 달팽이 눈에는 하나의 정지된 막대기로 보일 것이다.

인간은 언어 능력 덕분에 동물과는 시간관념이 다르다. 인간이 아닌 동물 중에서 과거를 **곱씹는** 동물이 있을 것으로 보이지는 않는다. 인간 말고는 그 어떤 동물도 다른 시간에 대한 향수에 그토록 강하게 사로잡히지 않는다.

반려견 루나가 지난가을 별장에서 보냈던 어느 주말을 떠올리며 거센 폭풍우가 치던 그날 벽난로 앞에서 얼마나 아늑한 시간을 보냈던가 회상하면서 지금 누워 있을 것 같지는 않다. 다음에 별장으로 여행 가는 것을 기대하거나 별장에서 몇 미터 떨어진 곳에 숨겨둔 근사한 뼈다귀를 파헤칠 기대에 부풀어 있을 것 같지도 않다.

그러나 인간은 상당 부분 과거와 미래 속에서 살아가며 과거와 미래를 끊임없이 떠올리며 삶을 만들어간다. 우리가 과거에 어떤 사람이었고 앞으로 어떤 사람이 될 것인지를 말이다. 그 과거와 미래는 현재에 의미를 부여한다. 동물의 삶에서 과거는 개가 오랜 시간 주인과 떨어져 있다가 만났을 때 주인을 알아보는 순간에 명백하게 존재한다.

문학작품에서 이런 상황을 묘사한 유명한 대목을 찾아볼 수 있다. 오디세우스가 20년간의 유랑을 마치고 집으로 돌아와 아르고스를 만나는 부분이다.[74]

오디세우스는 트로이전쟁에서 10년, 고향 이타카로 귀향하기까지 또 10년을 방랑했다. 오디세우스가 나라를 비운 사이 아내 페넬로페에게 구혼자들이 몰려와서 그의 집을 차지했다. 오디세우스는 이 구혼자들과 대결하기 위해 정체를 숨기고 거지로 변장한 채 집으로 찾아갔다.

집에 들어선 순간 오디세우스는 거름더미에 방치되어 벼룩이 들끓는 몸으로 누워 있는 아르고스를 알아보았다. 그가 떠날 당시의 강한 모습은 온데간데없었다. 옛 친구를 비롯한 다른 사람들과 달리 아르고스는 주인을 곧바로 알아보고는 귀를 낮추고 꼬리를 흔들었다. 하지만 쇠약해진 바람에 일어서서 주인을 맞이하지 못했고, 오디세우스도 정체가 탄로 날까 봐 반가워할 수 없었다. 오디세우스가 눈물을 흘리며 옆을 지나쳐 가는 순간 아르고스는 숨을 거둔다.

9장 동물을 이해하는 것은 가능할까

우리의 세계에 대한 이해를 특징짓는 것이 무엇인지 설명하는 데 중점을 두는 철학의 한 분야인 **해석학**은 동물을 관심 대상으로 두지 않는다.

동물에 대해 약간 언급한 경우를 포함해 동물에 대한 해석학적 서술은 대부분 동물에 대한 부족한 경험을 근거로 한다. 여기서 동물에 대한 이해가 현저히 낮다는 사실을 알 수 있는데, 그런 서술 대부분은 동물은 이해의 대상이 될 수 없고 오직 설명의 대상이라는 주장을 펼치고 있다.

이해와 설명을 구분하는 생각은 독일의 철학자 빌헬름 딜타이의 사상에서 시작되었다. 그는 자연이 **설명**의 대상이고 정신은 **이해**의 대상이며, 설명은 자연과학에 속하지만 이해는 인문과학의 영역이라고 했다.[75] 인문과학의 대상, 즉 정신은 꼭 내적인 것에만 머물지 않는다. 말이나 제스처로 뭔가를 표현하거나 악기를 연주 또는 캔버스에 물감을 칠하는 것처럼 **외부적인 표현**으로도 드러난다. 딜타이는 이를 자기 자신을 **객관화**하는 정신이라 설명했다.

이렇게 겉으로 드러나는 표현은 **내면적 삶을 파악하는 단서**가 되므로 우리가 날것 그대로의 자연 현상을 관찰할 때 발견되는 것과는 성격이 다르다. 딜타이에 따르면, 자연과학의 대상은 우리에게 말을 걸지 않아서 '조용한' 반면 인문과학의 대상은 의미로 가득 차 있다. 인간의 행위와 진술은 **의미**를 지니지만 화학 작용이나 허리케인은 그렇지 않다.

그런데 딜타이의 구분법은 바위·나무가 아니라 동물을 이야기할 때 문제가 된다. 동물도 표현하는 삶을 살기 때문이다. 우리가 감상하는 많은 예술작품이 감정을 표현한 것처럼, 동물도 기쁨·분노·사랑·슬픔 등의 감정을 표현한다. 인간과 동물이 표현하는 데 차이가 있음은 인정해야 하지만 그렇다고 동물에게서 내면적 삶이 겉으로 표현되어 나타나는 것을 부인할 수는 없다. 이때 우리는 동물이 설명의 대상이 아니라 이해의 대상이 될 수 있음을 생각하게 된다.

딜타이에 따르면, 이해란 어떤 다른 사람의 마음가짐을 재

체험Re-experiencing하는 것이다. 그 체험이 강렬할 때 딜타이는 그것을 **재감지**Re-feeling라고 했다. **재체험**은 항상 내면적 삶을 드러내는 단서로 볼 수 있는, 겉으로 드러나는 단서를 판단 근거로 삼아야 한다.

한 사람을 이해하려면 조금이라도 이해해야 할 무엇이 있다고 보고 추정하는 것이 필요하다. 우리는 누군가가 뭔가를 표현하고 있다고 추정해야 한다. 그렇지 않으면 이해해야 할 처리 대상이 조금이라도 존재한다는 것을 알 수 없게 된다. 그런 다음 그 표현의 근간인 관습이 무엇인지 알아야 한다. 이를테면 특정한 제스처는 주어진 맥락에서 이런저런 의미를 지닌다는 것을 알고 있어야 한다. 그리고 나서 그 표현이 발생한 상황에 대한 지식을 확보해야 한다. 우리가 뭔가를 이해할 수 있으려면 많은 양의 사전 정보를 알고 있어야 한다는 얘기다.

딜타이의 주장에 따르면, 우리는 다른 사람과 같은 '존재'이기에 타인을 이해할 수 있다고 한다. 그러므로 동물과 우리는 같은 '존재'가 아니라서 동물을 이해할 수 없다. 따라서 동물의 표현은 해석의 대상이 될 수 없다.

딜타이는 이해란 항상 감정적인 차원에서 이뤄진다고 보았다. 그래서 어떤 대상을 해석하는 사람은 그 대상에 대해 '공감'해야 한다고 역설했다. 하지만 이 공감이 인간 외의 다른 대상에까지 미치지 않는다고 생각했다. 이 부분에서 딜타이의 주장은 설득력을 잃는다고 할 수 있다. 딜타이는 동물의 정신세계에는 이해할 부분이 없다고 추정했기 때문이다.

다윈의 저서를 연구했던 딜타이는 적응의 원리를 잘 알았지만, 인간과 동물의 적응 사이에는 중대한 차이가 있다고 생각했다. 즉, 인간은 적응을 통해 내면의 본능과 외부의 자연을 통제하는 힘을 획득했지만, 동물은 오직 본능을 따르는 것밖에 하지 못했다고 본 것이다. 의식을 결집할 중심이 결여된 동물은 외부 환경에 좌지우지되는 상황에 놓여 있다고 보았다. 인간과 달리 동물은 자신만의 삶을 꾸리거나 어떤 주관적인 의견을 표할 수 없다는 것이다.

딜타이는 삶 자체를 해석하는 것을 보여주고 있으며, 삶을 경험하는 것이 삶을 표현하고 있다는 단서라고 주장했다. 그가 바라본 대상은 오직 인간의 삶과 인간의 신호였다. 딜타이는 "내면의 심리학적 현상이 존재하는 곳 어디에나 동물과 인간의 세계 전체에 삶의 구조와 표현이 존재한다"라고도 했다. 안타깝게도 딜타이는 이 생각을 더 발전시키지 않았다.[76]

가다머 역시 딜타이와 입장이 비슷했다. 대표작《진리와 방법(1960)》의 색인에서 우리는 '동물'이란 단어를 찾아볼 수 없다. 가다머에게 동물은 자연 현상으로 간주해야 할 존재였고, 모든 자연 현상은 인과법칙으로만 봐야 하는 것이었다. 동물의 행동을 경험의 표현이나 세계 내의 주관적 현존으로서 바라보는 것은 받아들일 수 없다는 입장이었다. 언어를 가진 존재만이 주관적인 경험을 표현할 수 있다고 생각한 것이다.

가다머의 관점에 따르면, 언어를 가진 존재만이 세계를 갖는다고 할 수 있다. 역설적이지만 동물은 세계 속에 완전히 깊이 끌려 들어가 있어서 세계와 어떤 관계도 맺지 못한다. "언어를 갖는다는 것은 곧 존재하는 방식을 소유한다는 의미다. 이는 환경에 얽매여 살아가는 동물의 상황과는 다르다."[77]

언어는 나와 세계 사이에 거리를 만들어낸다. 그래서 세계와 관계 맺는 것을 가능하게 해준다. 언어는 감각이 분별하지 못할 때조차 우리에게 무언가를 제시해준다. 동물은 자신이 살아가는 환경에 종속되는 존재이지만 인간은 스스로 세상에 적응해가는 존재다. 동물이 세계와 맺는 관계는 동물이 지닌 주관적인 욕구를 충족시켜주는 원천이 되는 정도로 축소될 수 있는 데 반해 인간은 객관적인 실재를 향해서 스스로 길을 찾아갈 수 있다.

가다머의 스승인 하이데거는 동물과 인간 사이에 '도저히 건너뛸 수 없는 심연'이 있다고 생각했지만, 동물을 이해의 대상으로 바라보는 데 좀 더 포용적인 입장이다.[78] 하이데거는 동물이 세계를 어떻게 경험하는지를 우리 자신이 가진 경험과 동물에 대한 경험적 지식을 바탕으로 유추해서 어느 정도 알 수 있다고 생각했다. 하이데거는 프라이부르크 강의에서 "돌은 세계가 없고 동물은 세계가 빈곤하고 인간은 세계를 형성한다"라고 역설했다.[79]

하이데거는 동물도 세상의 여러 것에 대해 접근할 수 있다고 보았다. 동물은 돌멩이와 달리 여러 가지를 지각할 수 있고 관련을 맺기도 한다. 하지만 동물은 세상을 '무엇으로써' 바라보지 못한다는 섬이 인간과 다르다. 동물은 그 경험에서 '…로써 –구조'를 갖고 있지 않기 때문이다.[80]

우리가 하는 모든 인식은 무엇을 어떤 것**으로써** 인식하는 것이다. '…로써'는 '무엇'과 '무엇' 사이의 관계라 할 수 있다. 본래 대상과의 관계는 실용적인 관계, 단순히 그 대상으로서 경험하는 것이 아니라 무언가를 **위해** 존재하는 것이다. 즉, 무엇을 위해 쓰이느냐 하는 용도로 파악되는 특성이 있다.[81]

하이데거는 이러한 물건의 용도는 '이것은 망치다'처럼 어떤 판단을 내릴 조건이 된다고 주장한다. 망치의 용도는 망치에 대해 말하기 전에 이미 존재한다.

《존재와 시간(1927)》에서 하이데거는 말은 인간을 이루는 근본 구조가 아니라, 말하기 전에 이미 존재한, 세계에 대한 이해를 기반으로 한다고 주장했다.[82] 그러므로 언어는 우리가 이해한 것을 명확히 표현한 것에 불과하며 언어적으로 표현되기 전에 이미 존재한 이해를 표현한 것이라고 한다.

하이데거에게 인간이 하는 각각의 행위는 항상 어떤 해석의 행위라 할 수 있다. 아침에 일어나서 신문을 가지러 가기 전에 슬리퍼를 신는다면 나는 슬리퍼를 발이 차가워지거나 젖지 않게 하는 수단**으로써** 쓰는 셈이다. 신문을 본 다음 샤워를 하러 욕실로 가서는 슬리퍼를 벗는다. 샤워할 때 슬리퍼를 신는 것이 부적절해서 비롯된 행동이다.

이런 행위들, 슬리퍼와 내가 맺은 관계는 **해석**의 행위다. 이것이 해석의 행위인 이유는 두 경우 모두 내가 무엇을 어떤 것으로써 생각했기 때문이다. 이러한 '무엇으로써'는 해석의 핵심 요소다.[83]

그와 동시에 나는 일련의 행동을 하는 동안 단 하나의 단어도 말하거나 생각할 필요가 없어서 이런 사실은 해석 행위에는 늘 언어가 개입돼 있다는 생각에 대한 반박의 근거가 되기도 한다. 하이데거에 따르면, 어떤 존재가 언어가 없다는 이유로 해석하는 행위도 존재하지 않는다고 결론 내릴 수 없다.[84]

하이데거는 개가 바닥에 떨어진 잎사귀의 냄새를 맡을 수는 있지만, 잎사귀를 잎사귀**로써** 경험할 수는 없을 것이라고 한다. 나무에서 떨어진 식물의 한 부분인 잎사귀가 계절이 바뀌고 있음을 나타내는 것을 경험할 수 없다는 얘기다. 개는 무엇을 어떤 것**으로써** 보지 않고 외부 세계와 이어진 연속체 속에서 존재할 뿐이다. 동물은 세계 속에 완전히 압도되어 있어 세계를 덜 가지고 존재한다.

반려견 루나는 벽난로 앞에서 온기를 쬐며 누워 있지만, 벽난로를 벽난로**로써** 이해하지 못한다. 하이데거의 표현을 빌리면, 자신과 벽난로를 떨어뜨려서 보지 못하고 벽난로를 벽난로답게 만드는 것이 무엇인지 인식하지 못한다고 할 수 있다. 동물은 사물과 직접적인 관계만 맺으므로 늘 그것에 '잡혀 있는' 상태에 머물게 된다.

하지만 개는 소파를 볼 때 올라가 누울 수 있는 어떤 것**으로**, 공은 가지고 노는 물건**으로**, 조리대 위 스테이크는 먹을 수 있는 음식**으로** 본다. 소파·공·스테이크라는 '존재'에 대해 개는 반추하지 않지만, 주변 환경을 해석하며 이해하고 그 과정에서 '…로써 -구조'를 쓰게 된다. 우리도 소파·공·스테이크라는 '존재'에 대해 깊이 생각하거나 주의를 기울이지 않는다.

동물이 주변 세상에 의해 '잡혀' 있는 상태라는 주장과 관련해서 살펴보면, 모든 동물이 주변 환경이 바뀔 때 혹은 어떤 수단이 효과가 없을 때 행동을 변경할 능력이 있다고 볼 수 없는 것처럼 동물이 대부분 잡혀 있는 상태라고 볼 수도 없다.

오랫동안 오직 인간만이 이러한 적응하는 행동을 할 능력이 있는 것으로 알려졌지만 도널드 그리핀과 여러 학자가 틀에 박힌 일상 행동처럼 보이는 동물의 행동조차 상황에 따라 달라질 수 있다는 사실을 밝혔다.[85]

이러한 유연성은 동물이 의식이 있음을 알려주는 지표이기 때문에 중요한 의미가 있다. 우리는 왜 어떤 종에서 의식이 일어난다고 보는지 명확히 말할 수 있을 정도로 이 유연성에 따라 생명체는 환경에 맞춰서 그 행동을 바꿔 나간다.

많은 동물이 '…로써 –구조'를 기초로 해서 세계와 해석적 관계를 맺고 있다는 설명에 부합하는 것처럼 보이기도 한다. 하지만 동물에게는 언어가 없고, 하이데거는 언어가 존재하지 않는 것처럼 보이는 활동에도 늘 언어가 내재해 있다고 말하는 것 같을 정도로 언어를 중요하게 생각했다.[86]

하이데거의 저작을 보면 그의 철학에서 언어가 갈수록 중요한 위치를 차지함을 알 수 있다. 하이데거가 이런 측면을 강조할수록 언어는 존재의 집이라는 주장을 펼 정도로 인간과 동물 사이의 거리는 더욱 멀어지게 된다.[87] 하이데거는 동물이 언어와 차단되어 있으며 언어는 인간이 가진 가장 중요한 능력이라고 보았다.[88]

인간은 언어를 갖고 있어 세계를 창조해낸다. 나는 언어가 우리와 다른 동물 사이에 중대한 차이를 만든다는 하이데거의 의견에 동의한다. 그렇다고 해서 이런 사실이 동물이 세계를 이해하지 못하고 우리가 이해해보려고 시도하는 그 세계와 해석적 관계를 맺지 못한다는 것을 의미하는 것은 아니다.

하이데거는 이런 식의 관점에 흥미를 갖지 못했다. 프라이부르크 강의를 제외하면 동물의 세계를 통찰해보려는 시도를 거의 하지 않았다. 그 후의 저술 활동을 보면 언어가 없는 동물은 인간과 같지 않은 어떤 존재로서 인간을 규정할 때 이해를 돕기 위해 거론되는 소극적인 역할을 했을 뿐이다.

본질적으로 동물이 세계와 해석적 관계에 있지 않다고 본 하이데거는 동물의 삶에서 이해해야 할 부분이 많지 않다고 생각했다. 그러나 나는 그의 철학에서 동물의 삶을 이해하려고 할 때 도움이 될 만한 '상태Befindtlichkeit'란 개념을 발견할 수 있었다.

하이데거는 '상태'를 통해 세계 내에 존재하는 것이 어떤 것인지 설명하고자 했다.[89] 이 표현은 '우리가 어떤 식으로 존재하는가'란 질문에 대한 답이라고도 할 수 있겠다. 세계 내에 존재한다는 것은 이 세계를 의미가 있는 대상과 흥미를 끌지 못하는 대상이 모두 있는 장소로 경험하는 것을 말한다.

이러한 '상태'는 근본적으로 감정적인 특성을 띤다. 어떤 특정 대상이 의미가 있다고 인식하게 해주고, 엄밀히 말해 세계 내에 참여하게 해주는 것이 감정이다. 무언가를 두려운 것으로 인식하는 '상태'도 가능하다. 하이데거는 감정이 순수하게 주관적인 어떤 것이 아니라 '우리가 우리 밖에서 존재하는 근본 방식'이라고 보았다.[90]

세계 내에서 동물이 존재하는 양태가 감정적이고 주관적인 차원이라면, 두려워하거나 흥분하는 것처럼 이런저런 상황에 **존재**한다면 그것이 동물의 '상태'가 될 것이다. 동물의 삶에는 이러한 차원이 존재한다고 볼 이유가 충분하다. 이렇게 되면 동물 또한 이해의 대상이 되는 게 당연한 결론이다.

독일의 철학자 막스 셸러는 '공감'이라는 개념을 이해의 한 형태로 높이 평가하며 이를 데카르트적 전통에서 만들어진 대상화의 관점에 대한 대안으로 제시했다.[91] 셸러의 관점에 따르면, 연구자는 이해하려고 하는 대상을 단지 대상으로만 보지 말고 상상력을 동원해 그 대상이 처한 실재를 재구성하려는 시도를 해야 한다. 그는 우리가 사람을 이해하려고 할 때뿐 아니라 동물을 이해하려고 할 때도 이러한 노력을 해야 한다고 주장했다. 그렇게 할 때 우리는 동물의 왕국 **전체**를 이해와 공감으로 수용할 수 있는 위치에 서게 된다.

우리는 어떤 동물이 고통받거나 두려움에 떠는 모습을 보면 그 동물의 고통을 느끼고 이해한다. 그런데 동물을 이해할 때는 공감하는 능력과 지적인 능력을 더욱 발전시켜야 한다. 우리는 동물의 정신적 상태를 드러내는 행동상 또는 표현상의 단서를 알아차림으로써 잘 이해할 수 있다.

어느 동물이나 '표현의 문법'을 가지고 있다. 우리는 이를 읽는 법을 터득할 수 있지만, 이해하려면 지적인 능력과 정서적 능력을 함께 발휘해야 한다. 떨어져 지내다 만난 코끼리 2마리가 인사말을 건네듯 웅웅 소리를 내며 제자리를 빙빙 돌고 귀를 펄럭일 때, 우리는 **기쁨**이라는 순수한 감정을 목격하게 된다. 떨어져 있다가 재회한 침팬지 2마리가 끌어안고 상대의 등을 토닥이며 입맞춤하는 모습은 또 어떤가.

코끼리나 침팬지의 감정 세계에서 일어나고 있는 일을 우리가 똑같이 느낄 수는 없지만 소중한 사람과 헤어졌다 다시 만났을 때의 기분을 떠올림으로써 동물의 감정을 상상할 수 있다.

새는 내가 바깥에 걸어놓은 모이통을 발견하면 잔뜩 흥분한 소리를 낸다. 아마도 기쁨을 표현하는 소리일 것이다. 벽난로 앞에서 내게 몸을 바싹 붙이고 누워 있는 반려견 루나는 낮게 으르렁거린다. 더할 나위 없이 기분 좋다는 신호로 해석할 수밖에 없는 그런 소리를 낸다.

감정을 느낄 능력이 있는 동물은 기쁨을 느낄 수 있고, 사람이 그런 것처럼 동물도 기쁨을 얻기 원한다. 이런 동물의 기쁨을 이해하려면 우리의 경험·상상력·감정이입이 필요하다. 그리고 동물을 관찰하는 것이다. 하지만 우리의 감정을 이용하지 않는다면 동물의 감정을 결코 이해할 수 없다.

10장 동물에게는
저마다의 세계가 있다

우리가 살아가는 현실과 동물이 살아가는 현실은 같을까? 에스토니아의 독일계 생물학자 야콥 폰 윅스퀼은 자기중심의 세계, 즉 **환경 세계**Umwelt라는 개념을 동물 연구에 도입했다.[92] 움벨트는 우리말로 옮기기 쉽지 않은데, 문자 그대로는 한 유기체를 둘러싼 세계를 뜻한다. 풀이하면 특정 개체의 시야에서 경험된 세계라고 할 수 있다.

윅스퀼은 모든 생명체가 **저마다** 자기를 중심으로 하는 세계를 갖고 있고, 이는 다른 개체의 세계와 구별된다는 점을 강조했다. 이 '자기중심의 세계'는 한 유기체의 주관적 현실이 어떠하다는 것을 말해준다.

우리가 반려견을 데리고 산책을 하고 있는데 반려견의 털

속에 벼룩이 1마리 있다고 상상해보자. 이 순간 무척 다른 세 유기체가 객관적으로 동일한 환경에 놓여 있지만, 각 개체는 환경의 각기 다른 부분과 다른 방식으로 관련을 맺고 있으므로 서로 다른 3개의 자기중심 세계가 존재한다. 어쩌면 경험 가능한, 무한대의 다른 세계가 존재한다고도 할 수 있다.

윅스퀼은 자기중심의 세계를 비누 거품에 비유했는데 각 개체가 저마다 비누 거품에 갇혀 있는 상태라고 설명했다. 생명체라면 어느 것이나 저마다 다른 감각기관을 소유한다. 어떤 종은 놀랄 만큼 시력이 뛰어나고, 어떤 종은 눈이 없기도 하다. 자외선을 볼 수 있는 종이 있는가 하면, 색맹인 종도 있다. 청력이 좋은 종도 있고 후각이 유별난 종도 있다. 대부분이 후각이 있지만 고래와 돌고래 같은 고래목에 해당하는 포유류는 없다. 돌고래의 코는 형태가 있는데도 냄새를 맡지 못한다.

동물에게 감각기관의 위치도 중요한 역할을 한다. 인간의 시야 범위는 약 200도인데 비둘기의 시야각은 340도에 이른다. 그러므로 비둘기가 주변 세계를 받아들이는 방식은 인간과 완전히 다를 것이다. 우리는 눈앞에 있는 것을 볼 수 있지만, 비둘기는 거의 전 방향을 볼 수 있다. 그래서 같은 공간에 있을 때도 서로 아주 다른 경험을 할 공산이 크다. 반면 비둘기는 시각의 깊이 감각이 약한 데 비해 인간은 뛰어나다.

살아가는 환경도 다르다. 어떤 동물은 공중에서, 어떤 동물은 나무에서 산다. 상당수가 땅 위에서 살지만, 땅속에서 또는 물속에서 사는 종도 있다. 각 생물은 자신만의 구역이 있고 그 속에서 관계를 맺고 산다. 이 구역이 한 생명체를 중심으로 한 세계다.

의미란 존재가 살아가고 행동하는 삶의 무대가 되는 세계에서 그 존재에 의해 비로소 길어 올려지는 것이다. 세계 자체는 아무런 의미를 갖지 않는다. 동시에 아무런 특성 없는 무미건조한 것도 아니다. 모든 개체는 항상 저마다 자기를 중심으로 하는 고유한 세계에 자신만의 의미를 던지기 때문이다.

모두에게 적용되는 하나의 환경 세계라는 것도 있을 수 없다. 사냥꾼·벌목꾼·식물학자가 같이 숲속에 간다면 이 순간 숲에는 3개의 꽤 다른 자기중심의 세계가 형성될 것이다. 숲을 규정할 수 있는 특성은 다양하기 때문이다. 그 자신이 중심을 이루는 세계는 다양한 범위의 '의미를 담고 있는 전달자들'에 의해 그 성격이 규정되는데, 이 전달자들은 동물이 지각하고 상호작용하기 위해 사용하는 기관과 연관되어 있다.

아마도 원시 생물에게는 의미의 전달자가 고작 몇 가지뿐이었을 것이다. 진드기는 3가지가 있다. (1) 포유류의 땀에서 배출되는 뷰티르산 냄새, (2) 포유류의 체온인 섭씨 37도의 온도,

⑶ 털로 완전히 덮이지 않은 피부 느낌. 반면 개나 고양이의 주변 세계에는 보다 많은 수의 의미 전달자가 존재한다.

한 생물을 중심으로 하는 세계에 존재하는 모든 대상은 그 기능에 의해 의미가 정해진다. 하지만 대상이 가진 기능은 생명체마다 다르게 받아들여진다. 동물의 세계에서 어떤 기능도 갖지 않는 대상이란 존재하지 않으며, 같은 대상이라도 자기중심의 세계가 다르면 그 의미도 저마다 다르게 규정된다.

윅스퀼은 이를 설명하기 위해, '의자'라는 명령어를 들으면 의자 위로 뛰어올라 앉아 있도록 훈련받은 개를 예로 든다. 이때 의자를 치우고 같은 명령을 내리면 개는 소파나 테이블 같은 곳에 뛰어 올라가 앉아 있다. 개에게 소파나 테이블은 그 기능에 의해, 즉 앉을 수 있는 어떤 것으로 특성이 규정되어 있는 것이다.

포크나 시계처럼 우리에게 쓰임새가 분명한 물건이 개에게는 의미가 없을 것이다. 큰 소리로 째깍거리는 시계가 있다면 개는 그 존재를 알아차리기는 하겠지만 시계 소리는 개를 둘러싼 주변 소음에 묻힐 공산이 크다. 펜은 개에게 필기도구가 아니라 물어뜯을 수 있는 작대기일 뿐! 개가 살아가는, 자기중심의 세계에 있는 얼마나 많은 것이 실제로 '물어뜯을 물건'의 범주에 들어가는지 생각하면 놀라울 정도다.

동물은 **해석하는 존재**다. 동물은 그들만의 고유한 자기중심의 세계에서 살아간다. 해석을 잘하는 동물은 살아남고 잘하지 못하는 동물은 도태된다. 그러므로 생존은 어쩌면 해석의 적합성을 판별하는 기준인 셈이다.

모든 동물의 주체는 자기자신이다. 주체로 살아간다는 것은 세계의 중심에서 살아간다는 것과 같은 의미다. 세계를 경험하는 것은 그러므로 항상 주관적인 경험일 것이다.

동물의 세계를 책으로 표현하자면 단 한 권의 자연이란 없으며 그곳에서 살아가는 유기체 수만큼의 책이 존재한다. 혹은 적어도 종의 수만큼 책이 존재한다. 이때 떠오르는 질문은 우리가 어떻게 다른 생물의 세계를 이해할 수 있느냐 하는 것이다.

윅스퀼은 우리에게 동물의 세계가 완전히 닫혀 있다고까지 말하지는 않는다. 동물의 행동은 그 동물이 살아가는 자기중심 세계를 알려주는 실마리이며, 우리는 이 방법 말고는 동물의 세계를 알 수 없다고 그는 말한다. 그는 성게·진드기·해파리처럼 인간과 가장 다르다고 할 수 있는 종의 세계를 묘사하면서 우리가 인식할 수 없는 세계로 잠시 데려가기도 한다.

돌고래·문어·박쥐는 인간의 감각기관과 기관이 달라서 현실의 다른 부분을 받아들인다. 인간의 경험을 비롯해서 모든 경험은 부분적이면서 제한적이다. 우리는 실제 세상의 어떤 특정한 측면을 인식하면 그 외 다른 부분은 주목하지 못하게 된다. 그렇다고 우리가 세상을 있는 그대로 객관적으로 인식하지 못한다는 건 아니지만 대상을 한꺼번에 통합적으로 인식한다는 것은 불가능하다. 이를 이해하기 위해 심리학자 조지프 재스트로가 고안한 유명한 착시 그림을 살펴보자.

그림에서 오리를 본 사람은 오리라고 할 것이고 토끼의 형태를 알아본 사람은 토끼라고 할 것이다. 그림에서 토끼를 보거나 오리를 보는 것은 사실에 근거한 객관적인 것이다. 하지만 토끼와 오리를 **동시에** 보는 것은 불가능하다. 우리는 한 번에 한 측면만 알아볼 수 있다. 나아가 이 그림이 다른 어떤 것을 나타낸 것이라고 생각할 수 있지만, 우리 자신이 지닌 한계로 인해 그렇게 보기란 어렵다.

실제 현실의 어떤 부분은 우리의 감각이 받아들일 수 있는 영역을 벗어나 있으므로 우리는 인식하지 못하는 채로 살아가는 부분이 있다. 이러한 한계를 기술의 도움으로 극복하기도 하는데, 적외선 열감지카메라로 촬영해 인간이 감지할 수 없는 뱀·물고기·모기에서 관찰되는 감각 양상을 파악하는 것이 그렇다.

하지만 여전히 우리에게 미지의 세계로 남아 있는 감각 양상이 많을 것으로 짐작된다. 우리와 다른 감각 양상을 지닌 동물은 우리와 다른 현실에 맞닿아 있을 것이다. 보다 정확히는 다른 조각의 현실과 말이다.

고양이를 키우는 사람은 대부분 고양이가 어떻게 빈 벽을 노려보며 앉아 있을 수 있는지 의아해한다. 고양이는 왜 빈 벽을 노려볼까? 어쩌면 인간의 감각으로는 도저히 접근할 수 없는 매혹적인 무언가가 벽에 붙어 있을지 모를 일이다. 몽테뉴는 이런 글을 남겼다.

내가 감각의 문제에 대해 가장 먼저 생각한 것은 인간이 모든 자연 감각을 갖추고 있는가를 의심하는 것이었다. 나는 시각이 없는 동물이나 청각이 없는 동물도 전체적이고 완전한 삶을 사는 경우를 여럿

본다. 우리도 하나나 둘 또는 셋이나 더 많은 다른 감각이 부족하지 않은지 누가 알까? 어느 하나가 부족하다 해도 우리는 결함을 알아 낼 수 없다. 우리의 발견에 최대한의 한계를 짓는 것이 감각이란 특권이다. 감각이 닿지 않으면 아무것도 없을 것이고 다른 감각을 찾을 감각이 없으니 탐색도 불가능하다.[93]

몽테뉴에 따르면, 동물에게 우리와 완전히 다른 감각이 있는지 알아내는 것은 불가능하다. 확인할 수도 없고 부정할 수도 없으므로 특별히 생산적인 가설이라 할 수는 없지만 상상컨대 불가능할 것이라 짐작할 수 있다.

많은 동물이 우리의 감각으로는 인식할 수 없는 현상을 인식한다. 곧 일어날 지진이나 뇌우를 알아차리는 식이다. 그러나 인간은 동물보다 훨씬 앞서서 천재지변을 예측할 수 있는 기술을 개발했다. 니체는 1873년에 쓴 글에서 이 점을 분명히 밝혔다.

곤충이나 새가 인식하는 세상이 사람이 인식하는 세계와 완전히 다른 세계라는 사실을 그(인간)가 인정하는 것은 어려운 일이다. 어느 쪽 인식이 맞는지를 묻는 것은 의미 없는 질문이다. 올바른 인식의 기준에 부합하는지 사전에 결정해야 하기 때문이다. 이 말은 곧 이용

할 수 없는 기준이라는 뜻이다.[94]

플라톤의 대화편 《테아이테토스: 지식에 관하여》에는 소 크라테스가 피타고라스의 '**인간은 만물의 척도**Homo mensura'를 인 용하는 대목이 나온다. "인간은 만물의 척도다. 존재하는 것들 에 대해서는 존재하는 것의 척도가, 존재하지 않는 것들에 대 해서는 존재하지 않는 것의 척도가 된다."[95] 소크라테스는 이 러한 상대주의를 옹호할 수 없었다. 그렇게 되면 인간이 지각 하는 것과 상관없이 진리로 존재하는 것을 판단할 기준이 없 어지기 때문이다.

소크라테스는 그렇게 되면 돼지나 원숭이조차 만물의 척 도라고 해야 할 테니 이치에 맞지 않는다고 반박했다.[96] 그러 나 이 관점은 소크라테스가 생각한 만큼 터무니없는 것은 아 니다. 척도란 숱하게 많다. 인간은 만물의 척도가 맞지만 다만 인간에게만 그럴 뿐이다.

─────── 11장 동물의 시각에서
세상을 바라보다

우리는 다른 생물이 가진, 자기중심 세계를 이
해하는 시도를 해볼 수 있다. 이 경우 꼭 의인화를 써야 하
는 건 아니다. 우리가 동물의 위치에서 보는 시도, 즉 **동물화**
Theriomorphism를 통해서 동물에 인간의 특성을 부여하는 것과
반대로 인간한테 동물의 특성을 부여하는 시도를 할 필요도
있다. 우리는 개 혹은 고양이, 문어, 그 무엇이든 우리가 이해하
고자 하는 동물이 되어볼 수 있다. 즉, 동물처럼 움직이고 동물
의 시각에서 세상을 감지하려는 시도를 하다 보면 동물에 대
해 더 많이 이해할 수 있을 것이다.

영국의 수의사이자 변호사, 철학자인 찰스 포스터의 다소
엉뚱한 책 《그럼, 동물이 되어보자(2016)》는 이러한 전략을 실

행에 옮겼다.[97] '야생동물로 살아가는 삶은 어떤 삶일까' 하는 의문에서 시작한 이 책은 웨일스 산비탈에서 6주 동안 저자가 오소리로 살아가는 과정을 신기할 정도로 재미있게 묘사한다. 수달과 여우를 비롯해 다른 동물이 되어보는 시도를 하며 알몸이 되거나 동상에 걸리는 일도 부지기수였다. 곤충이나 벌레, 로드킬당한 사체를 먹는 일도 있었다.

저자가 되어본 야생동물은 대체로 그가 좋아하는 동물이었는데, 수달은 그렇지 않았다. 당연히 그가 오소리나 수달이 될 수는 없으니 그 시도는 훌륭하게 실패했다. 누구나 시력을 나쁘게 만드는 안경을 쓴 채 땅에 코를 박고 킁킁거리며 네 발로 기어 다니는 체험을 하면서 직접 개의 세계에 다가가 볼 수 있을 것이다. 이 일을 잘해볼 작정이라면 개가 맛있어하는 배설물도 먹어봐야 할 텐데, 개의 삶을 제대로 이해해보겠다고 그렇게까지 할 수는 없는 노릇이다.

진정으로 동물이 되어볼 요량으로 임한다 해도 우리는 여전히 개로 살아간다는 것이 어떤 것인지 이해할 수 있는 부분은 극히 제한적이다. 1974년 미국의 철학자 토머스 네이글은 한 논문에서 "박쥐가 된다는 것은 어떤 것일까"라는 질문을 제기했다.[98]

이 글에서 네이글은 신경과학이 박쥐가 된다는 것이 어

떤 것인지 신경과학을 통해 더 잘 알 수 있는 것은 아니며, 다른 외부적인 관찰도 소용이 없다고 역설했다. 박쥐의 뇌를 잘 안다고 해서 박쥐가 반향정위를 사용해 위치를 파악하고 날아다니는 것이 **어떤 느낌인지** 우리가 알 수는 없다는 것이다. 반향정위는 소리나 초음파를 내서 돌아오는 메아리 소리로 상대와 자기의 위치를 확인하는 방법이다. 우리가 제3자의 시각에 관한 지식을 아무리 많이 수집해도 일인칭 시점을 알 수 없는 이치다.

맥주 마시기에 관한 객관적인 지식은 그 경험이 **어떤 것인지** 알 수 있게 해주지 않는다. 맥주가 입으로 들어가 신경섬유에 신호가 전달되고 위로 흘러 들어가는 등의 물리적인 설명을 할 수는 있지만, 맥주를 마시는 질적인 경험을 설명하는 것과 같지 않다.

맥주는 입에 들어가면 미뢰(맛봉오리)에 화학적 변화를 유발한 다음 뇌에 전기적 자극을 전달한다. 하지만 내가 맥주의 **맛**을 느끼는 국면에서는 질적으로 새로운 요소가 개입된다. 뇌를 아무리 샅샅이 조사해도 맥주의 맛을 관찰할 수 있는 곳은 없다. 미각의 경험을 뇌가 작용하는 과정을 관찰하는 식으로 할 수는 없다는 얘기다. 통증 같은 감각 또는 반향정위로 위치를 파악하거나 비행할 때의 느낌도 마찬가지다.

네이글의 주장은 **일리 있다**. 하지만 그의 확신만큼 설득력이 있지는 않다. 사례가 적절하지 않다는 얘기다. 먼저 비행이란 측면에서 살펴보자. 현재 우리에게는 행글라이딩과 패러글라이딩이라는 수단이 있고 적어도 윙슈트 같은 비행 보조기구를 입고 새처럼 하늘을 날 수 있다. 이것을 자연적으로 장비를 갖춘 게 아니라서 박쥐의 비행과 다르지 않냐고 지적할 수 있지만 그런 것들이 박쥐에게는 정상적인 조건에 속하므로 나는 경험을 할 수 있다는 것은 분명하다.

그렇다면 반향성위는 어떤가. 인간도 이 능력을 보유하고 있어서 네이글의 주장은 설득력을 잃는다. 한여름에 모깃소리를 들으면 반향정위를 사용해 모기가 오른편에 있는지 머리 뒤에 있는지 우리는 알아차린다. 선원은 안개가 자욱한 날이나 칠흑같이 어두운 밤에 배가 육지에 얼마나 가까이 있는지 확인하기 위해 고함을 쳐서 돌아오는 메아리를 듣는 방법으로 반향정위를 사용한다.

앞을 볼 수 없는 사람은 반향정위 능력을 놀라운 수준으로 발휘한다. 눈을 감거나 어둠 속에서 지팡이로 소리를 내며 걸어가 보면 우리도 어떻게 반향정위 기능이 작동하는지 알 수 있다. 또 자신이 큰 방에 있는지 작은 방에 있는지도 알 수 있다. 인간도 반향정위 능력이 있지만 정보를 시각에 의해 처리하므로 이 능력이 발달하지 않은 것으로 결론 내릴 수 있다.

우리는 반향정위 능력을 박쥐만큼 훌륭하게 만들 보조 수단을 개발할 수 있을 것이다. 그렇다고 박쥐가 되는 경험을 누리지는 못할 것이다. 다만 박쥐의 감각기관을 닮은 기관을 가진, 인간으로서의 경험을 할 뿐이다. 박쥐가 경험하는 정도와 똑같이 박쥐가 되어보는 주관적 체험은 언제까지나 우리가 도달할 수 없는 경지다. 네이글은 이 점에 관해서는 옳았다.

하지만 이는 인간의 의식과 박쥐의 의식이 정확히 같지 않음을 시사하는 동시에 종의 차이를 지적하는 것이라고 할 수 있다. 한 의식이 다른 의식 속으로 쓱 들어가 내부에서 그 의식을 볼 수는 없다는 얘기다. 다른 생명체의 의식은 엄연히 내 것이 아닌 **다른** 의식이다. 이는 다른 동물 종과 인간 사이에서도 불변의 사실이고 인간과 인간의 사이에서도 그렇다. 내가 도저히 경험할 수 없는 경험도 있다. '절대음감을 가지는 것은 어떤 느낌일지' '공감각을 경험한다는 것은 어떤 느낌일지' 등은 내가 도저히 알 수 없는 미지의 영역이다.

그럼에도 박쥐로 존재하는 것이 어떤 느낌인지 알아보려 할 때 우리의 일인칭 경험에서 도움을 얻을 수 있다. 우리의 반향정위 기술을 예민하게 연마함으로써 박쥐의 삶을 이해하는 데 적어도 **조금 더 가까이** 다가갈 수 있노라고 주장할 수 있을 것이다. 이렇게 동물의 이해에 보다 가까이 가기 위해 우리는 상상력과 경험, 동물 심리학과 동물 행동에 관한 지식을 이용할 수 있다.

동물과 인간의 삶 사이에 오버랩되는 부분은 중요한 의미를 지닌다. 포유류로 한정해서 살펴보자. 인간과 포유동물은 번식 체계가 비슷한데 모두 새끼를 낳아서 어미가 보살핀다. 물·음식·수면, 특히 공기를 필요로 한다. 인간의 뇌와 포유동물의 뇌에서 같은 부분을 자극하면 같은 감정이 유발되기도 한다. 뇌의 같은 부위에 이상이 있을 때, 충동적인 행동 같은 비정상적인 행동도 비슷하게 나타난다. 약물에도 비슷한 반응을 보이고 중독성을 보이는 물질도 동일한 경우가 많다.

이와 동시에 포유류가 여러 이질적인 종으로 구성되어 있다는 사실도 간과할 수 없다. 가장 작은 종은 몸무게가 몇 그램밖에 나가지 않는 데 비해 덩치가 큰 종은 무려 160톤에 이르기도 한다. 이 종들은 서로 매우 다른 삶을 영위하며 살아간다. 그래도 포유동물이라면 예외 없이 기쁨·슬픔·두려움·분노·놀라움·혐오감을 느낄 수 있다.[99] 이는 포유동물 사이에 공유되는 감정 목록이 있다는 것을 뜻한다. 이러한 감정은 인간과 동물이 서로 같지 않을 것이다.

동물의 감정은 인간의 감정보다 덜 세련된 상태다. 여과되지 않은 듯 보인다는 말이 더 잘 어울리겠다. 그 감정의 존재는 꽤 쉽게 알아볼 수 있다. 쥐와 인간에게서 공포심의 신경생리학적 메커니즘을 유사하게 관찰할 수 있다. 즉, 뇌에서 주로 감정을 담당하는 편도체가 활성화된 다음 시상하부와 뇌하수체로 신호가 전달되고, 많은 양의 아드레날린과 코르티솔이 분비된 후 신경 체계가 자극을 받아 동공이 확장된다.

우리가 두려워하는 대상이 워낙 다양하다 보니 공포심이 인간의 삶과 쥐의 삶에 미치는 영향이 서로 다르기는 하지만 근본적인 면에서는 동일하다. 동물에게도 감정이 있음을 인정할 수 있는 건 이런 이유 때문이다. 이것이 아마도 동물을 이해하는 데 가장 본질적인 부분일 것이다. 동물의 감정이 어떤 감정인지 알아볼 수 있다는 것과 동물이 그 감정을 왜 느끼고 있는지 아는 것 말이다.

나는 인간과 마찬가지로 동물의 감정도 인지적 수단으로 기능한다고 생각한다. 감정에 관한 이론에서는 다음과 같은 특징을 강조한다. 감정은 긍정적이거나 부정적인, 그러니까 중립적이지 않은 어느 한쪽으로의 **유인성**을 지닌 **주관적인** 경험이다. 감정에는 **의식적인 대상**이 존재한다. 즉, 감정은 어떤 **것에 대한** 감정이다. 더러 상대적으로 **짧게 지속될** 때도 있는데, 이는 유인성이 어떻게 달라지느냐에 따라 좌우된다.[100]

감정을 순수하게 주관적으로 볼 수 있지만, 우리가 현실을 파악하도록 해주는 인지적 수단이라고도 볼 수 있다. 현실을 파악하기 위해 사용하는 다른 모든 수단처럼 감정도 올바른 현실의 그림을 제공할 수 있고, 그릇된 그림을 제공할 수 있다. 우리에게 진짜 위협이 되는 요소를 파악할 때가 그런 경우다.

감정 또한 인지적 수단이므로 동물의 감정을 이해하는 것은 곧 동물이 세계를 어떻게 경험하는지 부분적으로 이해하는 방법이 된다. 이는 곧 동물의 수관성과 그 동물을 중심으로 한 세계를 우리가 공유하는 셈이 된다.

우리 눈에 보이는 것은 행동뿐이지만 그 행동에는 의미가 담겨 있다. 그 의미는 우리가 잘 아는 사람 혹은 동물과 상호작용할 때 곧바로 알아차릴 수 있는 어떤 것이다.

새끼를 돌보는 어미 개나 고양이, 침팬지를 보라. 의미가 풍성하게 실려 있는 그들의 행동은 그들이 강력한 내면적 삶을 갖고 있음을 증언해주며 그 행동을 보면 곧바로 그 의미를 이해할 수 있다. 다른 문화권 사람을 만났을 때도 그 행동의 의미가 정확히 **무엇인지** 알 수는 없어도 의미가 있음은 **알** 수 있다. 본 적 없는 낯선 종교의식도 그렇다.

이해하려는 대상에 관한 풍부한 지식은 꼭 필요하다. 동물을 이해할 때도 마찬가지다. 동물을 이해하려면 동물과 상호작용해본 경험이 있어야 한다. 개가 '몸 앞쪽을 숙이며 절하는 것처럼 보이는 자세'를 취하면 놀고 싶다는 의사 표시다. 일종의 놀이 세계로의 초대인 셈이다. 이 행동을 아는 사람뿐 아니라 다른 개들도 그 의미를 이해하는 행동이다.

우리는 다른 사람을 이해하려고 할 때 관용의 원칙을 전제로 해야 한다. 이 원칙은 이해하려는 대상을 공평하게 이성적으로, 그들이 우리와 비슷하게 세계를 인식하고 있을 거라고 간주해야 한다는 것이다. 우리가 이해하고 싶은 대상이 우리와 비슷할 거라는 추정을 하지 않는다면 이해의 과정이 일어날 수 없다.

들어본 적 없는 언어를 쓰는 사람을 만났다고 하자. 그가 물이 담긴 잔을 가리키며 '우스자빅!'으로 들리는 말을 한다면 나는 '우스자빅'이 '물' '컵' '마시다' 같은 뜻이라고 추정할 수밖에 없다. 그가 환영을 보며 '불을 뿜는 용'이라 했다고 추정할 이유가 없다. '우스자빅'이 '물' '컵' '마시다'라는 뜻인지는 확실히 알 수 없지만, 결국 그 뜻이 밝혀질 것이다. 어느 쪽이든 나는 그가 세상에 대해 생각하고 처신하고, 그것들이 나한테도 사리에 맞는 행동이라고 추정하는 것에서 시작해야 한다.

동물을 이해하는 데도 같은 원칙을 적용할 수 있다. 아침에 먹이를 얻지 못한 반려견 루나가 밥그릇 옆에 서서 간절한 눈빛으로 나를 바라볼 때 나는 이 개가 배고파한다고 짐작하는 게 맞다. 몸을 돌려 나를 보며 반응을 기다리면 밥그릇이 채워지기를 바란다고 추정하는 것이 가장 타당하다.

서재에서 집필 활동에 빠져 있을 때 가끔 차갑고 축축한 코가 허리를 쿡 찌르는 걸 느낀다. 산책했을 시간에 이런 행동이 일어나므로 나는 우리 개가 산책 욕구를 표현한 것으로 어렵지 않게 해석할 수 있다.

동물을 이해해볼 작정이라면 동물과 우리가 공유하고 있는 것에서 시작해야 한다. 우리가 동물을 이해할 때 우리는 비로소 그들의 세계에 들어간다.

12장 개는 개일 뿐 사람이 아니다

개는 약 1만 4,000년 전 사람의 손에서 길들인 것으로 추정되고 있다. 이는 인간과 합장한 개의 유골을 발견한 시기를 근거로 한 것이다. 그러나 개가 사람의 집으로 들어온 과정이 3만 6,000년 전으로 거슬러 올라갈 수 있음을 시사하는 고고학적 증거가 일부 발견되기도 했다.[101]

지금 사람의 손에 자라는 개는 같은 혈통의 늑대보다 성장 속도가 더디다. 눈도 더 늦게 뜨고 걷는 시기도, 놀이싸움을 시작하는 시기도 더 늦다. 늑대와 비교하면 우리 집 반려견은 성장하지 않는다고, 아니 평생 다 자란 강아지 단계에 머물러 있다고 할 정도다. 이런 '강아지다움'은 우리 삶에 기쁨을 가져다준다. 개가 공을 잡으려고 쫓아가서 잡는 순간 발산되는 행복감은 세상에 존재한다는 것만으로 뿜어져 나오는 순수한 **환희** 그 자체다.

개를 기르는 사람이라면 누구나 현관에 들어설 때 자신을 열광적으로 반겨주는 환대에 흐뭇했던 경험이 있을 것이다. 반려견 루나도 예외는 아니다.

루나는 꼬리를 흔들거나 껑충 뛰어오르거나 냄새를 맡거나 컹컹 짖는 것으로 기분이 좋은 상태를 표현한다. 처음 만나면 이런 반응을 보이고 냉큼 뛰어가서 자신이 가장 좋아하는 장난감을 가져와 찍찍 소리를 낸 다음 내게 보여준다. 비슷하게 주인의 여행 가방을 본 순간 개들이 얼마나 크게 실망하며 귀와 꼬리를 늘어뜨리는지도 우리는 익히 알고 있다.

개가 주인과 눈맞춤할 때 개의 뇌에서는 많은 양의 옥시토신이 분비된다. 옥시토신은 타인에게 애착의 감정을 갖기 위해 분비하는 주요 생화학 기초 물질 가운데 하나다. 개와 눈맞춤할 때 사람의 뇌에서도 상당한 양의 옥시토신이 분비된다. 고양이보다 개의 뇌에서 주인과 눈맞춤할 때 더 많은 양의 옥시토신이 분비된다.

하지만 같은 종도 개체마다 분비량은 조금씩 다르다. 나는 개와 아주 비슷하게 행동하는 고양이를 키운 적이 있는가 하면, 고양이다운 고양이도 키워봤다. 나는 전자의 고양이를 더 좋아했다. 고양이처럼 행동하는 개와 여느 개처럼 행동하는 개도 키워봤는데, 이때도 앞의 개가 더 마음이 갔다.

루나는 코가 길고 내 코는 짧다. 인간의 코 내부에는 약 600만 개의 수용기 세포가 있는 데 반해 개의 코에는 몇억 개의 세포가, 심지어 몇몇 종은 조 단위에 이르는 세포가 있다. 개는 냄새 정보를 처리할 때 뇌에서 인간보다 훨씬 많은 용량을 사용한다.

개는 후각만으로도 물체·장소·사건에 대한 복잡한 개념을 형성할 수 있다. 개의 입장에서 우리의 정체성은 주로 어떤 냄새를 풍기는지에 의해 결정되고, 그다음 생김새나 목소리에 의해 결정된다. 그래서 개는 우리가 집에 왔을 때 간절히 우리의 냄새를 맡거나 얼굴을 핥고 싶어 하는 것이다.

개는 가까이 있는 물체를 잘 보지 못하지만 가까이 있는 것을 파악하고 싶을 때는 무엇이든 코와 입을 이용해 정보를 알아낸다. 색을 식별하는 능력도 그다지 좋지 않아서 붉은색은 식별하지 못하고 파란색과 초록색 사이의 색만 인식한다. 또 큰 차이는 아니더라도 선호하는 색이 있는 것처럼 보인다.

개는 큰 밥그릇과 작은 밥그릇을 구별할 수 있는데 큰 밥그릇을 좋아한다. 하지만 간식이 5개 있는 그릇과 4개 있는 그릇이 다르다는 것은 잘 알지 못한다. 개는 어떤 물건이 **무엇인**

지가 아니라 그 물건으로 **무엇을 할 수 있느냐**에 주로 관심이 있다. 위에 앉을 수 있는지, 누울 수 있는지, 씹을 수 있는지, 먹을 수 있는지 등이 관심사다. 가만있는 물체보다 움직이는 물체에 더 흥미를 느낀다.

개가 특히 좋아하는 형태도 있다. 어떤 물체가 입안에 쏙 들어가느냐 아니냐는 중요한 문제다. 루나가 먹을 수 있다고 판단하는 물건의 목록은 거의 무한한 것 같다. 단, 바나나는 '먹을 수 없는' 목록에 들어가는 몇 안 되는 것 중 하나이고, 뼈다귀는 먹을 수 있는 카테고리 상단에 올라 있다. 그러나 루나를 위해 비스킷을 만들 때 바나나 모양인지 뼈다귀 모양인지는 그다지 중요하지 않다.

나는 종종 반려견이 눈이 얼마나 나쁜지 알고 놀란다. 같이 길을 걷고 있을 때 우리 쪽으로 유모차를 밀고 오는 사람이 있으면 루나는 평소 마주치기를 고대하는 다른 개가 걸어오는 것으로 착각하기도 한다. 안경을 쓰는 나 같은 사람도 있을 수 없는 일이지만 말이다. 유모차가 아주 가까이 와야 루나는 개가 아님을 알고 시야에 나타난 물체에 흥미를 잃는다.

개는 후각을 이용해 대상을 인식한다. 우리가 산책을 마치고 집에 왔는데 우리보다 먼저 집에 다른 식구가 와 있다면 그 사실을 나는 아파트 로비에 들어선 순간 루나의 반응에서 알아차릴 수 있다. 루나는 3층까지 계단을 쏜살같이 오르며 특유의 황홀한 냄새를 향해 돌진한다.

복도를 지나서 계단을 오르며 한층 강해지는 냄새 속에서 루나는 시리와 이븐이 이 길을 지나갔고 어디에서 냄새가 멈췄는지 안다. 루나가 아내 시리나 딸 이븐이 집에 돌아왔다고 확신하는 것은 당연한 일이다. 이때 나는 시리가 퇴근했거나 이븐이 하교했음을 짐작할 수 있는 어떤 냄새도 맡을 수 없었다. 집중했다면 알아차릴 수 있었을지 모른다. 인간은 생각하는 것보다 훨씬 후각이 발달했으니 말이다.

냄새 맡기와 관련해 우리 능력은 개의 능력보다 한참 뒤떨어진다. 특히 각양각색의 냄새가 뒤섞인 도시의 거리에 남은 희미한 냄새를 맡는 영역이라면 말이다. 하지만 가까이 있는 냄새를 맡는다면 우리의 후각 역시 부실하지 않다. 냄새가 인간의 삶에서 하는 역할이 미미하게 축소된 데는 인간이 직립보행하는 바람에 코가 온갖 냄새가 위치하는 지면에서 멀리 떨어지게 된 점도 크게 작용했다. 어쩌면 인간도 개처럼 후각을 이용해서 방향을 찾을 수 있을지 모른다. 단, 그렇게 하려면 네발을 짚고 코를 땅에 박은 채 다녀야겠지만 말이다.

개는 현재 속에서 살아가는 동물이지만 워낙 후각 지향적인 동물인 탓에 **연장된** 현재 속에서 살아간다고 할 수 있겠다.

냄새는 공기 중을 떠도는데 개는 처음 맡는 새로운 냄새와 옅어진 묵은 냄새가 서로 다르다는 것을 안다. 냄새가 강하게 풍기면 개에게 뭔가 더 최근에 발생한 냄새라는 의미가 되고, 약한 냄새는 전에 일어난 어떤 냄새가 된다.

우리가 걸어가는데 어떤 냄새가 점점 약해진다면 냄새의 원천에서 멀어지는 게 되고, 잠깐 훅 끼치고 지나간 냄새가 된다. 역으로 점점 강해지는 냄새는 장차 일어날 일, 즉 냄새나는 쪽으로 계속 가면 그것과 마주친다는 것을 예고한다.

내가 퇴근하고 집에 오면 시리는 오늘 하루가 어땠는지 내게 물어본다. 루나는 질문 대신 냄새를 맡는다. 이 냄새 맡기를 통해 루나는 궁금한 것들을 전부 알아낸다. 내가 어디를 갔다 왔는지, 어떤 사람이나 동물을 만났는지, 특히 무엇을 먹었는지를 말이다. 냄새 맡기는 문을 열고 들어온 사람이 **나**인지 다시 한번 확인해주는 역할도 한다.

개는 길에서 다른 개를 만나면 서로의 냄새를 철저히 맡는데, 이는 상대가 누구인지 파악하는 그들만의 방법이라서 그렇다. 개는 상대편 개가 수컷인지 암컷인지 눈으로 **볼** 필요가 없다. 상대의 엉덩이를 볼 수 있는 자세를 잡기도 전에 냄새가 코로 흘러들기 때문이다. 그런데 우리도 개의 엉덩이 쪽을 보지 않고서 성별을 추측하는 것이 제한적이나마 가능하다.

암캐는 종종 상대 개의 얼굴 냄새를 먼저 맡고, 수컷은 대개 뒤쪽 냄새를 먼저 맡는다.

개의 몸에 카메라를 부착해 영상을 찍어보면 개의 눈에 비친 세상의 모습이 어떤 식으로 펼쳐지는지 알 수 있다. 짐작하건대 혼란스러운 느낌일 것이다. 하지만 영상은 개에게 최고로 중요한 세상의 냄새를 담아내지는 못한다.

개의 세계관에 더욱 접근하고 싶다면 우리도 무엇을 파악할 때 냄새부터 맡고 되도록 핥아봐야 한다. 상대가 우리를 약간 꺼림칙하게 생각할 위험이 있겠지만 사람을 파악할 때도 말이다. 이렇게 개와 관련한 정보를 쌓아가면서 우리는 개에 대해 알아가기 시작한다. 즉 개가 바라보는 세계를 공유하고, 그래서 개로 살아가는 것이 어떤 것인지 이해하게 되는 것이다.

'존재론'이란 세상에 본질적으로 존재하는 것에 관해 고찰하는 철학 사상의 하나를 뜻하는 말이었다. 최근 들어 존재론이 좀 더 넓은 의미로 쓰이면서 사람마다 존재한다고 믿는 어떤 일군의 대상을 서술하는 것을 뜻하게 되었다. 한 사람의 존재론은 살아가면서 평생 바뀔 수 있다. 즉, 어떤 대상이 존재한다고 믿었지만, 어느 순간 그에 대한 믿음을 중단하고 다른 대상이 존재한다고 믿기 시작할 수 있다.

나는 아이였을 때 산타클로스를 믿었다. 산타클로스는 나의 존재론 일부가 되었지만, 지금은 믿지 않는 대상이 되었다. 우리가 가진 대부분의 존재론은 평생 큰 변화 없이 유지되는 편이다. 우리는 바위·의자·침대·신발·바지·집이 존재한다고 믿는다. 존재론은 휴일이나 약속처럼 물리적인 대상이 아닌 것도 가능하다. 다시 말해 우리의 존재론은 우리가 실재하는 것으로써 관련을 맺는 것이면 무엇이든 대상이 될 수 있다.

우리는 동물의 존재론에 대해서도 말할 수 있다. 동물의 존재론은 동물이 인식하고 있고 그쪽을 향해 어떤 행동을 취하는 것이면 모두 대상이 될 수 있다. 윅스퀼식으로 말하면, 한 동물의 존재론은 그 동물 주변의 세계에서 발견되는 모든 것이 대상이 될 수 있다. 그러므로 나의 존재론과 우리 집 반려견의 존재론은 사뭇 다를 것이다.

우선 개는 언어를 전제로 하는 것을 존재론의 대상으로 삼을 수 없다. 개는 많은 명칭을 외울 수 있어 장난감 '공'과 '새'처럼 명칭이 있는 것을 자신의 존재론에 포함하지만, 개에게 이런 것이 존재하는 이유는 이름을 가졌기 때문은 아니다. 개의 존재론에는 수학 조건식과 법·돈·휴가 같은 추상적 개념 또한 들어갈 수 없다.

나의 존재론에는 직접 겪지 않았지만, 책을 통해 알게 된 것도 포함되어 있지만, 개의 존재론에는 개가 직접 경험한 것들만 포함된다. 개의 존재론은 의자·소파·새·소시지처럼 물리적 대상만 포함할 거라고 생각하기 쉽지만, 그것은 우리 자신이 가진 개념과 우리의 존재론을 개에게 투영한 것이라고 봐야 할 것이다. 개의 존재론에 들어가는 것들은 앉을 수 있는 것, 씹을 수 있는 것, 먹을 수 있는 것 등 기능에 따라 분류하는 것이 더 타당하다.

개는 고양이와 아주 다른 양상으로 의사소통하는 존재다. 개는 인간에게 말을 건넬 뿐 아니라 자신들끼리도 이야기를 주고받는다. 개는 현관 밖에서 소리를 내는 수상한 인물더러 당장 물러가라는 말도 전달한다.

루나는 '루나' '이븐' '엄마' '가만있어' '안 돼' '밥' 같은 단어를 알아듣는다. '산책'이란 소리가 나오기만 하면 루나가 안달이 나니 '나갔다 오기' '바람 쐬기' 식으로 바꾸기도 하는데 이 말들도 금세 알아듣는다. 하지만 대부분 경우에 가장 중요한 요소는 말을 할 때 사용하는 어조인 듯싶다.

말을 하는 때의 맥락 역시 중요하다. 우리가 차를 타고 가다가 '산책'이란 말을 하면 루나는 아무런 감흥을 느끼지 않았다. 내가 샤워를 하면서 말했을 때도 그랬다. 실제로 산책하러 갈 가능성이 있는 경우에만 그 말을 의미 있게 받아들였다.

개의 세계에도 뛰어난 지능으로 이름을 떨친 슈퍼스타가

있었다. 단어를 알아듣는 능력에서 루나와는 비교도 되지 않는 능력을 보유한 '체이서'란 이름의 개다.

이 보더콜리는 3년 동안 1,000개의 단어를 익혔는데 모두 자신의 장난감 이름이었다. 게다가 3가지 동사의 뜻도 알아들어서 입으로 장난감을 집으라는 지시와 코 또는 앞발로 밀라는 말도 알아들었다.

그런데 체이서가 학습한 것이 **무엇**인지는 불분명하다. 임의의 소리와 특정한 물체를 연상하는 능력이 매우 발달했을까? 그것만으로도 놀라운 일이다. 아니면 체이서가 각각의 소리가 어떤 물체를 부르는 **명칭**이라는 사실을 이해했을까? 후자라면 얘기가 달라진다. 이 개가 의미론을 이해한다는 얘기기 때문이다. 그럴 공산은 크지 않아 보인다. 여전히 그것은 우리가 언어라고 하는 것과는 꽤 동떨어져 있기 때문이다.

개에게 자신의 이름은 어떤 의미일까? 사람처럼 개도 이름을 부르면 알아듣고 달려온다. 고양이한테는 이런 모습을 좀처럼 보기 힘들다. '루나'라는 소리는 루나에게 어떤 의미일까? 루나는 자신이 이름이 있다는 사실을 알까? 그렇다고 보기는 어렵다. 루나란 이름은 중요한 소리, 일반적으로 뭐가 긍정적인 일을 예고하는 소리로 작용하는 것으로 보인다. 루나는 이름이 불릴 때 달려가면 사람들이 긍정적인 반응을 보인다는 것을 적어도 알아챈 것이다.

루나가 의사소통하기 위해 사용하는 언어역에는 이런 것이 있다. 만족감의 상태를 나타내는 아르르 하는 소리, 자기연민이나 고통에 빠져 있을 때 내는 끙끙 칭얼대는 소리, 칭얼대기와 비슷하지만, 더 불편한 상태인 하울링 하는 소리, 대개 좋아하는 사람과 있을 때 또는 다른 개와 놀 때 기분이 좋아서 하울링 하는 소리, 드물지만 공격성을 표현할 때 으르렁거리는 소리, 마지막으로 빼놓을 수 없는 짖는 소리가 있다.

짖는 소리는 단순하지 않아서 발생한 맥락과 분리해 해석할 수 없다. 분노나 두려움을 표현하거나 경고하고 실망감을 드러낼 수 있으며, 인사를 건네거나 기쁨을 표현하고 주의를 끌기 위한 것일 수 있다. 이 모든 것이 하나의 짖는 소리로 들렸다면 그 사람은 어쩌면 약간의 음치일 가능성이 있다. 짖기는 이렇게 다양한 의미가 함축되어 있다.

신체적으로 의사를 표현하는 방법 또한 여러 가지다. 루나가 하품할 때는 대개 지루해서가 아니라 다른 누군가나 자신을 안정시키기 위해서다. 더러 피곤해서 하품하기도 한다. 불안해하는 개가 있으면 사람이 하품을 해 보임으로써 진정시키는 것도 가능하다.

개가 꼬리를 흔드는 행동 또한 여러 가지로 해석할 수 있다. 꼬리가 매우 높이 올라간 상태면 그 개는 조심해야 한다. 반면 꼬리가 낮은 상태에서 양옆으로 빠르게 흔든다면 대개 복종의 의사를 나타낸다. 중간쯤에 꼬리를 위치시키고 흔드는, 기분 좋을 때의 '평범한' 꼬리 흔들기도 있다. 이때 어떤 종은 원래 꼬리가 높게 위치하고 어떤 종은 낮게 위치하니 종에 따른 차이도 감안해야 한다. 개는 오줌으로도 의사소통해서 다른 개가 지나갔다는 사실을 오줌을 통해 파악하기도 한다.

우리가 그렇듯 개도 경험을 통해 뭔가를 알아가고, 서로 다른 현상 사이에 연관성을 찾기도 한다. 우리 개는 특정 서랍이 열리는 소리를 간식과 연결하곤 한다. 루나는 자신이 좋아하는 것을 안다. 음식, 산책, 또 음식 말이다. 싫어하는 것은 차 타기, 샤워하기, 눈이 많이 내린 날 산책하기다.

좋아하는 것은 최대화하고 싫어하는 것은 최소화하려는 루나의 행동에서 호불호가 명백하게 드러난다. 루나에게 어떤 것을 지각하고 선호하는 능력이 없다고 생각했으면 그 녀석의 이런 행동을 이해할 수 없었을 것이다.

나는 평상시에 루나가 속으로 떠올리는 내용이 그림의 특성을 지닌 어떤 것이 아닐까 상상하곤 한다. 루나가 마음속에서 그림을 보는지는 모르겠지만 나는 루나가 그런 식으로 머릿속에서 뭔가를 그릴 거라고 상상해본다. 그림의 역할이 원래 그런 것처럼 이러한 심적 표상은 천 마디 말보다 나은 것이 아니라 천 마디 말이 아닌 어떤 것을 전달하는 역할을 한다. 그래서 이러한 사고 내용을 세세하게 말로 설명하는 것이 그렇게 어려운 것이다.

개에게서 추상적으로 사고하는 능력은 거의 찾아보기 힘들다. 개는 즉각적으로 감각에 포착된 것하고만 관련을 맺는다. 하지만 주인이 없을 때도 주인을 생각할 가능성이 크고, 앞으로 일어날 일에 대한 기대가 있을 수 있으므로 현재에만 철저히 속박된 것은 아니다. 자신의 감각으로 한 번도 느끼지 못했던 것을 떠올릴 수는 없을 것이고, 서로 다른 개념을 머릿속에서 상상해 연결할 수도 없을 것이다. 이를테면 주인이 하얀 턱시도를 입은 모습을 본 적이 없는데 그런 모습을 떠올린다는 것은 있을 수 없다.

개는 우리의 생각을 읽을 수 없다. 개는 우리가 혹은 자신이 생각한다는 사실도 잘 모른다. 그래서 개가 주인을 속이거나 사기를 치는 일은 일어날 수 없다. 속임수와 사기를 치려면 상대방의 생각을 읽어야 가능해서다. 하지만 개는 사람의 신체적 신호, 종종 놀랄 정도로 미묘한 신호를 읽는 데 굉장한 재주를 가지고 있고, 그에 대한 반응을 보이기도 한다.

개를 길러본 사람이라면 누구나 개가 사람의 기분에 얼마나 쉽게 영향을 받는지 잘 알 것이다. 주인이 기분 좋으면 개도 기분 좋고, 주인이 스트레스받고 있으면 개도 스트레스를 받는다. 주인이 두려워하는 게 있으면 개도 겁을 먹고, 주인이 우울해하면 개도 덩달아 우울해하는 것처럼 보인다.

개를 기르는 사람 중에서 자신의 개가 사람을 판가름하는 데 능력이 뛰어나다고 주장하는 경우가 많은데, 나 또한 그런 사람 중 하나다. 그러니까 우리 개가 어떤 사람에게 맹렬한 적대감을 드러내면 적어도 그 사람을 어느 정도 의심스러운 눈초리로 볼 필요가 있어 보였다. 그렇다 해도 조금만 시간이 지나면 우리 개가 처음 의혹을 보냈던 그 사람과 놀랄 정도로 사이좋게 지내기도 한다.

개는 일반적으로 낯선 사람을 수상한 사람으로 본다. 루나도 그렇게 행동하지만, 경계심을 보이지 않는 개도 있다. 전반적으로 개가 사람의 특성을 판단할 수 있는 것처럼 보인다는 사실에 의미를 둘 필요는 없다. 분명히 개는 뭔가를 알아차린 것뿐이다. 아주 미세하게 주인의 근육이 긴장되는 것을, 아니면 주인의 몸에서 후각으로 감지할 만한 스트레스 호르몬이 미량 분비된 것을, 아니면 주인이 약간 머뭇거리거나 조금 더 빠르게 혹은 느리게 호흡했음을 말이다. 미세한 정도라서 사람은 전혀 알아채지 못하지만, 개는 이런 신호를 알아채는 능력이 있다. 그 판독 결과를 우리가 만남을 갖는 걸 불편해하는 상대를 향해 짖는 것으로 바꿔서 표현한다.

한 친구는 자신이 기르는 개가 유색 인종만 보면 짖는다며 '인종주의자'라고 푸념했다. 추측하건대 그 개는 친구가 피부색이 좀 더 진한 사람을 만났을 때 보여준 반응을 보고 그런 행동을 하게 된 듯싶다. 내 친구는 진심을 다해 그렇지 않노라고 이 진단에 대해 반박하지만, 개는 특별히 색에 관심을 두고 반응하는 동물이 아니다.

개를 기르는 사람 중에서는 종종 자신의 개가 특유의 '자책하는 행동'을 보여주는 것으로 미뤄볼 때 개가 스스로 잘못된 행동을 했다는 것을 안다고 주장하기도 한다. 꼬리를 다리 사이에 끼우고 살랑살랑 흔든다거나 귀를 뒤로 넘겨 머리에 딱 붙이고, 눈치 보며 살그머니 방 밖으로 나가려는 것 같은 행동을 말이다.

개가 잘못된 행동을 안다는 주장은 쉽게 동의할 수 있는 것이 아니다. 개가 선악과나무의 과실을 많이 따먹고 선악을 구별할 줄 안다고 주장하기 때문이다. 과연 그럴까? '잘못된' 행동을 한 개가 '범죄' 행위 뒤에 혼자 있을 때의 모습을 촬영해보면 죄책감이나 후회의 기색을 찾아볼 수 없다. 반성하는 행동을 하는 경우는 주인이 나타났을 때만이다.

그러므로 개가 그런 행동을 하는 것은 자신의 잘못된 행동을 지각하고 반성해서라기보다 주인의 반응에서 비롯되었을 가능성이 크다. 이는 잘못한 행동이 없는 개한테 주인이 개가 잘못했다는 듯이 행동했을 때 분명히 확인할 수 있다. 이때 개는 잘못된 행동을 한 개가 보여주는 반응과 정확히 똑같은 행동을 보여준다.

개는 자신이 잘못했어도 잘못된 행동을 했는지 알지 못한다. 개가 알 수 있는 것이라곤 주인의 불만이 자신을 향해 있다는 사실, 그래서 어디 구석에 가서 숨죽이고 있는 게 안전하다는 것뿐이다. 그럼에도 개는 허락을 받느니 용서를 받는 게 쉽다고 믿는 것처럼 행동한다.

개의 전두엽이 얼마나 작은지 생각하면, 자제력을 발휘하기 위한 신경생리학적 조건이 전두엽에 있다는 사실을 생각하면 개에게 자기 조절 능력이 있기를 기대해서는 안 된다. 적어도 주인이 감시자로 함께 있지 않은 다음에는 말이다. 반려견이 자제력을 발휘할 때 놀라워하며 칭찬해주고, 그렇지 못했을 때 화를 내지 않는 것이 보다 현명한 자세다. 나는 개가 어린아이가 꼬리를 잡아당겨도 공격하지 않을 때처럼 실제로 참을성과 상황을 이해하는 능력을 보여줄 때 대견하게 생각한다.

개는 주인한테 눈속임하는 행위를 하거나 사기를 치지 못한다. 사기를 개가 실제로 생각하고 있는 것 외에 다른 어떤 것을 표현하는 행위라는 의미로 해석한다면 말이다. 하지만 개는 그런 행위로 해석될 수 있는 행동을 더러 보여주기도 한다.

휘핏종이 원래 그렇듯 우리 개도 〈공주님과 완두콩〉 이야기에 나오는 공주처럼 기질이 예민하다. 그래서 편안한 것은 좋아하고 불편함은 매우 못 참아 한다. '불편함'의 범주에 들어가는 것으로 비와 추운 날씨가 있는데, 이는 사람이나 개나 비슷할 것이다. 눈이 오거나 비가 올 때 산책하게 되면 우리 개는 다리를 절거나 뒷다리를 들어 올리곤 했다. 그러면 나는 다리가 아픈 줄 알고 얼른 산책을 마치고 집으로 돌아왔다.

한번은 놀랍게도 볼일을 보기 위해 잠시 멈췄다 다시 걷는데 조금 전에 절뚝거렸던 쪽이 아닌 다른 쪽 다리를 저는 게 아닌가. 아픈 쪽이 어느 쪽인지 '깜박한' 모양이다. 이렇게 되면 루나가 악천후를 피해 얼른 집으로 돌아가 따뜻한 벽난로 앞에 몸을 맡기고 싶어 꾀병을 부렸다고 판단하는 수밖에 없었다. 하지만 이런 생각은 루나가 실제 그런 능력이 있는 것도 아닌데 교활한 행동을 하는 것으로 추정하는 게 될 것이다.

내가 하는 생각에 대해 생각할 줄 아는, '메타인지' 능력을 개가 갖고 있다고 보게 되는데, 개한테 이런 능력이 있다고 볼 근거는 희박하다. 이보다는 전에 다리를 절뚝거렸던 일과 산책을 일찍 마쳤던 일 사이에 관련성이 있음을 알아차렸다고 보는 것이 훨씬 납득할 만한 해석일 것이다.

루나는 지금도 집에 빨리 가고 싶을 때 더러 다리를 절뚝거리지만, 실제로 내가 하는 생각을 읽어서는 아니다. 어쩌면 처음에 한쪽 다리가 아팠다가 얼마 후 다른 쪽 다리가 아팠던 것인지 모른다.

위급할 때 개는 수호천사 역할을 할 수 있을까? 가능한 개도 있다. 우리 모두 개가 물에 빠진 아이를 구했다는 영웅담이나 나른 사람을 데려와 주인을 구한 개에 관한 미담을 접해 보았을 것이다. 청각장애인이나 시각장애인을 위한 안내견은 주인이 위험을 피할 수 있게 다양한 임무를 수행한다. 눈사태 같은 매몰 사고에서 구조견이 눈부신 활약을 하기도 한다.

미국의 어느 사료회사에서는 인명을 구하는 데 큰 공을 세운 '영웅 동물'을 공식 발표하는 **명예의 전당**을 운영하고 있다. 이곳에 오른 동물 대부분은 개인데 고양이도 일부 있다. 그중 귀와 눈에 장애가 있는 고양이 '베이비'는 심장마비가 발생한 주인을 보고 아내를 깨워서 주인의 목숨을 구했다고 한다.

나는 개가 사람을 구한 이야기를 부인하는 건 아니지만, 이런 미담을 근거로 개가 사람을 구하는 일이 일반적인 일이라든가 개가 그런 행동을 하는 이유가 어떤 이유 때문이라고 말할 수는 없다고 생각한다. 우리가 대중매체를 통해서 어떤 사건을 접하는 데는 불균형적인 면이 있다. 지금까지 나는 '반려견이 주위 사람에게 주인이 발판 사다리에서 떨어져 꼼짝 않는다는 사실을 알리는 데 실패해서 주인이 숨을 거뒀다'라는 제목의 기사를 본 적이 없다.

우리가 곤란한 상황이라면 개가 도움을 주려고 나설까? 십중팔구 그렇지 않을 것이다. 우리가 도움이 필요하다는 사실을 개가 알 도리가 없어서다. 이를 확인하기 위해 2가지 상황을 연출해 실험해보았다.[102]

(1) 주인이 심장마비를 일으킨 척하며 가슴을 움켜쥐고 숨을 몰아쉬며 바닥에 '의식이 없는' 상태로 쓰러졌다. (2) 특별히 가볍게 제작한 책장이 넘어지면서 주인이 바닥에 깔려 움직이지 못한 채 도와달라고 소리치는 상황을 연출했다.

(1)과 (2) 모두 방 안에서 사전에 개와 인사를 나눈 사람을 두어 개가 그에게 도움을 요청할 수 있게 했다. 6분간 개의 행동을 관찰해보았다. 개는 어떤 행동을 했을까? 주인한테 가서 코나 다리로 주인의 몸을 쿡 찔러보았다. 어떤 개는 쓰러진 주인 주변의 냄새를 맡으며 느긋하게 걸어 다녔다.

극소수의 개만이 소리를 내거나 방 안에 있는 다른 사람 근처로 갔고, 단 1마리만 그 사람과 접촉했다. 이 개는 그의 무릎에 올라가 낮잠을 잤다. 주인을 돕기 위해 뭔가를 했다고 말할 수 있는 개는 없었다. 개가 주인을 돕기 **원하지** 않았다기보다, 사고라든지 생명이 촌각을 다투는 상황인지 몰라서 주인이 도움을 필요로 한다는 사실을 **알지** 못했다고 설명하는 것이 맞을 것이다.

이 실험을 설계할 때 후각을 간과한 측면이 있다. 주인이 스트레스 호르몬을 분비했다면 다른 결과가 나왔을까. 그랬더라면 개는 주인이 도움을 필요로 한다는 사실을 냄새로 인지했을시도 모른다. 그러나 이것은 추측일 뿐이다. 개를 속이고 주인이 갑자기 바닥에 쓰러지는 데 성공한 것이라면 결과적으로 다를 바 없다.

반려견을 기르는 우리 같은 사람들에게 이런 결과는 실망스러울지 모르지만, 이해할 수 있는 요건을 갖추지 못해서 이해하지 못하는 것을 뭐라고 할 수는 없다. 개한테 미분방정식을 왜 풀지 못하냐고 하는 것과 다름없다. 그렇다면 짖거나 그 비슷한 행동으로 주인이나 다른 누군가를 **구했던** 개들은 어떤 상황에 있었던 것일까? 아마도 주인이 이상하거나 불편하다는 것을 이해하고, 최대한 잘 대응했을 공산이 크다.

세상에는 사람이나 다른 동물을 도왔다는 견공에 관한 놀라운 일화가 전해온다. 이 이야기들은 보기 드문 비범한 사레이므로 사람들 입에 회자되는 것이다. 그런 행동이 많은 사람이 바라는 행동이라고 해서 당연한 능력이라고 믿는 우를 범해서는 안 된다.

개를 이해하려면 우리와 개가 공통으로 지니고 있는 것에서 시작하라. 하지만 개를 이해하려면 우리와 개가 공통으로 지니고 있지 않은 것에도 열린 마음으로 바라볼 필요가 있다. 개는 개일 뿐 사람이 아니다. 주인이 지나치게 사람처럼 대하는 개는 여간해서 행복한 개가 되기 어렵다고 한다.

13장 인간과 살기로 택한 것은 우리가 아니라 고양이였다

　고양이로 사는 건 어떨까? 나는 어렸을 때부터 줄곧 이 질문을 나 자신에게 던져보았다. 처음 키웠던 동물이 길고양이였던 까닭이다. 첫 고양이의 이름은 피아였고, 다음으로 프리초프를 키웠다. 훗날 버미즈종 쌍둥이 라세와 가이르를 입양했다. 이 고양이 중 내게 고양이로 사는 것이 어떤지 우리가 쓰는 말로 정확히 말해줄 수 있는 고양이는 없었다. 하지만 반려묘들은 소리와 동작을 통해 많은 것을 내게 말해주었다. 이 반려묘들과 함께했던 세월 속에서 나는 고양이가 경험하는 세계의 **단편**을 엿볼 수 있었다.

　그렇지만 개보다 고양이에게서 뭔가를 알아내기 더 어렵다는 것은 분명하다. 무심하게 바라보는 고양이의 얼굴, 노려보는 듯 커다랗게 뜬 두 눈은 다름 아닌 우리의 감정을 투영하고 있고, 이는 개에 비해 고양이를 더욱 미스터리한 존재로 비치게 한다. 초자연적인 힘과 은밀한 흉계를 지닌 존재로 고양이를 그린 이야기가 많이 전해오는 것도 이 때문일 것이다.

개를 훈련하는 방법으로 고양이를 훈련하는 것은 힘들다. 고양이는 한 장소에서 먹이를 먹고, 다른 어딘가에 모래를 채운 통을 두고 배변 장소로 이용한다. 고양이는 스스로 어떤 것을 터득하기도 하는데, 가이르가 문 여는 방법을 알아내서 줄곧 쓰는 것도 그런 경우다.

하지만 고양이를 명령에 따라 바닥을 구르거나 공을 던져서 가져오게 하고 싶다면 평균보다 훨씬 많은 인내심을 발휘해야 한다. 고양이가 뭔가를 배울 때는 대개 어떤 목표로 하는 것이 분명히 있을 때라고 할 수 있다.

라세와 가이르 둘 다 방 안에 갇혀 있는 것을 좋아하지 않는데, 가이르는 이 문제를 위로 뛰어올라 앞다리로 문손잡이를 당겨 문을 여는 것으로 스스로 해결했다. 이 행동을 합리적으로 설명하려면 가이르에게 어떤 것을 채택하는 능력과 기억력, 다가올 일을 예측하는 힘, 행동을 조정하는 능력 등이 있다고 추정해야 한다. 한마디로 이런 방법을 터득하려면 높은 수준의 의식이 있어야 한다는 얘기다.

가이르는 언어적으로 구조화된 사고를 하지는 못하지만, 어느 정도의 심적 표상을 그릴 수 있는 것으로 보인다. 인간도 이러한 이미지를 가지고 생각한다. 내가 지금 가이르가 뛰어올라서 문을 여는 모습을 머릿속에 그리며 생각하는 것처럼 말이다. 가이르의 행동 전부가 고등 정신 능력을 바탕으로 한 것은 아니라도 그 행동은 선택과 의도를 기반으로 하고 있다.

라세와 가이르는 차에 타는 것도 질색하는데, 그럴 때 둘은 줄기차게 야옹거리는 울음소리를 크게 낸다. 마치 차를 타고 있는 게 싫다는 걸 표현하려는 듯이 말이다. 다음번에 제발 같은 시련을 겪지 않게 해달라는 부탁의 의미도 담겨 있는 것 같다. 이런 고양이에게 의사소통의 의도가 존재한다고 믿는 것은 당연하지 않을까?

라세는 몸무게가 8kg에 이르는 큰 고양이지만 내 몸무게의 10분의 1에도 미치지 못한다. 가이르는 5.5kg이 채 되지 않는다. 키는 내 무릎보다 한참 아래에 있는데 고양이가 세상을 보는 시선은 아무래도 내 시선보다 훨씬 아래에 있다. 하지만 선반 같은 곳에 올라가 나보다 높은 데서 아래를 내려다보는 때가 자주 있으니 고양이는 우리보다 훨씬 수직으로 움직이는 반경이 넓은 셈이다.

사람은 눕거나 앉거나 서 있는 자세를 취하는데 이 3가지

높이에 있을 때가 잦다. 반면 고양이는 끊임없이 높은 곳으로 뛰어 올라갔다가 내려오고 물건이 앞에 있으면 돌아서 지나는 대신 종종 뛰어 넘어가는 쪽을 택하며 우리와는 다른 방식으로 공간에 존재한다. 고양이의 공간은 보다 수직 지향적이고 인간의 공간은 보다 수평적이다.

한 측면에서 인간과 고양이는 중요한 공통점을 지닌다. 세상을 경험하는 주요 감각이 시각이라는 사실이다. 인간을 포함해 다른 영장류와 더불어 고양이는 후각보다 시각에 의존하는 유일한 포유동물이다. 하지만 고양이는 색 식별력이 그다지 좋지 않고, 가까운 물체를 보지 못하는 심한 근시 상태다. 그래도 짙은 어둠 속에서 사물을 식별하는 능력은 뛰어나다.

고양이는 일반적으로 무표정하고, 집고양이 상당수가 소리를 많이 내지 않는다. 피아도 집 안의 숨은 실력자처럼 소리 없이 이 방 저 방을 다니거나 창문을 넘나들었다. 반면 라세와 가이르는 버미즈종치고도 수다스러운 편이어서 잠잘 때 빼고는 좀처럼 조용할 때가 없었다. 둘이 내는 소리를 거의 알아듣지 못했지만, 딱히 대단한 내용이 있었을 것 같지는 않다. 물론 사람들 사이의 커뮤니케이션도 다르지 않을 것이다. 둘이 나누는 대화는 **잡담**, 그러니까 일종의 사회적 접착제 같은 것이 아니었을까 싶다.

고양이는 말을 **할 수 있다**. 언어가 아닌 우리가 부분적으로 이해할 수 있는 '고양이말'을 한다. 잘 들으면 이 야옹 소리에도 조금씩 차이가 있다. 배고플 때 내는 울음소리와 불안할 때 내는 소리, 불만에 찬 소리, 짝을 찾는 소리가 다르다.

배고파서 내는 소리의 톤은 끝이 올라가지만, 불안해서 우는 소리는 내려간다. 배고플 때 내는 소리는 같은 식으로 한참 반복되다가 강세가 앞쪽으로 점점 이동하고 소리도 점점 커진다. 우리한테 전해지는 소리는 '당장 먹을 걸 내놓으라!'라고 옮길 수 있을 것 같다. 이때는 참을 수 없을 때까지 울음소리가 이어지므로 우리는 얌전히 명령을 따르는 수밖에 없다.

그런데 고양이는 고기만 섭취하는 포식자라서 푸성귀를 내놓는 것은 선택지가 될 수 없다. 야옹 소리에 담긴 미묘한 차이는 아마도 고양이를 기르는 사람 중에서도 심각하게 생각해 본 사람이 많지 않을 것이다. 다시 말해 이런 지식은 고양이와의 상호작용을 통해서 암묵적 지식으로 획득된 것이다. 동물에 대해 우리가 아는 많은 것이 언어적 진술로 표현되지 않는 암묵적 지식에 해당한다. 우리의 삶도 이렇게 말로 표현할 수 없는 자신만의 개인적 지식으로 채워져 있다고 할 수 있다.

고양이가 자기 연민으로 내는 가르랑 소리와 만족스러운 상태에서 정상적으로 내는 가르랑 소리도 잘 들으면 다르다. 고양이가 아프거나 다치고 죽어갈 때 내는 가르랑 소리는 확실히 다른 느낌을 준다. 그런데 이 가르릉거리는 소리는 **사람**을 향해 내는 소리다. 원래는 어미 고양이와 새끼 고양이가 의사소통할 때 내는 소리인데, 자라서는 고양이들끼리는 가르랑거리지 않고 사람한테만 가르랑거린다.

가르랑 소리는 사람이 들을 수 있는 범위 내에 있는 1초에 약 25회 진동하는 주파수 소리다. 그 톤은 암컷이나 수컷, 나이 든 고양이나 새끼 고양이, 큰 고양이든 작은 고양이든 차이가 없다. 발정기 때와 화가 났을 때를 제외하면 성묘들은 자기들끼리 가르릉 하는 '대화'를 하지 않는다. 주로 우리 인간이 들으라고 내는 것이다.

고양이는 창가에 앉아 밖에 있는 새를 볼 때 특유의 채터링 소리를 낸다. 왜 이런 소리를 내는지는 확실히 알 수 없지만, 고양이가 새소리를 흉내 내서 사냥을 용이하게 하려는 것이 아닐까 추측한다. 야생에서 큰 고양이가 원숭이를 사냥할 때 원숭이 소리를 흉내 내는 모습이 관찰되면서 이 가설은 더욱 힘을 얻었다.

그 밖에 고양이는 우리가 잠을 자는 한밤중에 큰 소리로 야옹거리는데, 이 울음은 사람에게 전달하기 위한 소리는 아닌 듯싶다. 중요한 것은 고양이들은 우리에게 뭔가 말을 하고,

고양이를 기르는 사람이라면 누구나 자신의 고양이에게 말을 건다는 사실이다.

우리는 고양이가 내는 소리를 많이 알아듣지 못하고, 고양이는 우리가 하는 말을 이해하지 못한다. 하지만 이런 속에서도 의미론보다 더 심오한 형태의 어떤 의사소통이 존재한다. 주인이라면 자신의 반려묘와 커뮤니케이션할 수 있어서 수의사가 찾아내지 못할 때도 문제를 알고 고양이의 몸을 더 구석구석 살피기도 한다. 하지만 고양이가 야옹거리는 소리와 가르릉거리는 소리를 다양하게 낼 수 있어도 인간이 문장을 만들듯이 그 소리를 의미 단위로 길게 배열하지는 못한다.

라세와 가이르도 다른 고양이처럼 잠을 많이 잤지만, 아침에 나보다 먼저 일어나는 걸 좋아했다. 일어나면 당연히 먹을 것을 찾는데 이 욕구를 해결하기 위해 가벼운 야옹 소리로 아침을 깨우고, 내게로 와서 앞발로 내 코를 거듭 눌러댄다. 이렇게 해도 움직이지 않으면 매끄럽게 깎은 내 민머리를 핥는다. 고양이의 혀는 까칠까칠해서 머리는 금세 따끔따끔해진다.

잠을 더 자고 싶어서 내가 이불을 머리 위로 끌어당기면 라세는 침대 옆의 창턱에 올라가서 내가 자는 걸 포기하고 일어나 먹이를 줄 때까지 블라인드를 앞발로 긁어 참기 힘든 소리를 계속 낸다. 고양이들은 이 싸움에서 **늘** 백전백승이다.

고양이는 야옹 하는 울음소리를 이용해 우리를 조종한다. 집고양이는 저마다 여러 가지 야옹 소리 목록을 개발해서 우리로 하여금 먹이를 주도록 하거나 자신들을 밖으로 내보내게 한다. 샤워 후 욕실 바닥에 떨어진 물을 핥아 먹는 것을 가장 좋아하는 라세와 가이르는 이렇게 하고 싶을 때 특정 울음소리를 낸다. 멀찍이 떨어져서 가만있다가 내가 욕실로 가서 물을 트는 순간 이 울음소리를 내는 것이다. 그러면 나는 고양이들이 바닥에 모인 물을 핥아 먹을 수 있게끔 물을 잠근다.

다른 집의 고양이가 이런 욕구를 똑같은 울음소리로 낼리 없고, 우리 집의 반려묘 울음소리를 알아들어도 다른 집의 고양이 소리를 알아듣는다는 보장은 없다. 내가 읽던 책을 마저 읽으려고 고양이들의 밥 달라는 울음소리를 무시하고 소파에 앉아 있으면, 라세는 TV장에 뛰어 올라가서 DVD를 1장씩 밀어뜨리거나 책을 1권씩 쓰러뜨린 다음 내려와 나를 책망하는 듯한 눈빛으로 쳐다본다.

두 고양이는 역할 분담도 확실했다. 가이르보다 몸집이 큰 라세는 항상 먼저 밥을 먹고, 나를 깨우는 것 같은 힘든 일을 맡았다. 가이르는 약간 더 새초롬하고 조심스럽지만, 기술적인 문제의 해결사로 나섰다. 침실 문을 닫아서 못 들어오게 하면 점프해서 손잡이를 돌려 방문을 여는 일을 했다. 라세가 문을 여는 것은 보지 못했다.

쌍둥이였던 이들 고양이는 몸무게가 몇 킬로그램 차이가 나기는 해도 생김새는 거의 같지만 성격이 아주 달랐다. 사람이 아닌 대상에 이런 표현을 쓰는 게 맞을지 모르지만 라세는 겁이 없고 강인한 반면 가이르는 좀 더 신중하고 영리했다. 둘 다 사교적이고 안아주는 것을 무척 좋아했다. 지금까지 묘사한 고양이의 행동들은 모두 어떤 의도가 있고 우리가 쉽게 납득할 수 있는 것이었다.

반면 고양이의 의식 속에서 일어나는 일들을 도무지 이해할 수 없을 때도 있다. 고양이가 가만 앉아서 1시간 동안 빈 구석을 빤히 응시할 때가 있다. 구석에 뭐가 있는지 나는 아무리 봐도 아무것도 보이지 않는다.

아니면 고양이의 의식에서 무슨 일이 일어난 것인지 흥분해 하루에 한 번 또는 종종 비슷한 시간에 이 방 저 방 뛰어다니고 창턱 위로 뛰어올랐다가 선반으로, 바닥으로, 의자 위로 연거푸 뛰어내릴 때가 있다. 마치 최단시간에 집 안 전체를 빼놓지 않고 뛰어다니려고 작정이라도 한 양 그런다.

왜 그럴까? 모른다! 우리가 고양이 뇌를 정밀하게 측량해서 이런 일시적 '발작'을 물리적으로 기술할 수 있다 하더라도 그것이 어떤 경험으로 고양이에게 경험되는지 잘 알 수 있다는 보장은 없다. 인간과 고양이의 뇌 구조는 매우 흡사하므로 기쁨으로 인한 것인지 좌절감으로 인한 것인지 정도는 알 수 있겠지만, 그 이상 언급할 만한 가치가 있는 것은 없을 것이다.

고양이는 적어도 우리의 일상생활에 어떤 미적인 요소를 불어넣는다. 반려견 루나는 날씬하고 근육이 발달했는데, 시속 50km로 달릴 수 있다. 수십 미터를 물 흐르듯 내달리는 모습을 보는 것 자체가 마냥 기쁨을 준다. 개는 단거리에 강하므로 계속 이렇게 달리지는 못한다. 짧은 구간을 전속력으로 달리는 것은 좋아하지만, 내가 조깅할 때 함께 달리는 경우처럼 느린 속도로 오랫동안 달리는 것은 힘들어하고 지루해한다. 그런데 달리지 않을 때면 그 월등한 신체적 기품을 놀라울 정도로 상실해버린다. 한마디로 볼품없어진다.

이와 달리 우리 집 반려묘들은 언제 어디서나 우아하다. 더러 고양이들의 예상보다 바닥이 매끄럽거나 평탄하지 않아서 주춤할 때도 있지만 대체로 몸에 대한 고양이들의 통제력은 완벽하고, 깃털처럼 가볍게 한 장소에서 다른 장소로 뛰어올랐다가 착지한다.

고양이가 엉덩방아를 찧을 듯한 상황에서도 늘 네발로 착지에 성공하는 모습 또한 얼마나 놀라운가. 이 착지 능력은 고양이가 생후 두 달 만에 습득하고 평생에 걸쳐 완성하는 기술이다. 고양이가 매끄럽게 이 모든 기술을 구사하는 것처럼 보이므로 이를 단순한 본능으로 설명하고 싶은 유혹을 느끼는 것도 사실이다. 이 기술은 고양이가 학습을 통해 터득하고 훗날 더욱 발전시켜 나가는 어떤 것인데 말이다.

개와 고양이의 차이에 관한 오래된 우스갯소리가 있다. 개는 '사람들은 나를 따뜻하게 해주고 먹여주고 사랑해주고 놀아준다. 그들은 신이 틀림없어!'라고 생각한다고 한다. 반면 고양이는 '사람들은 나를 따뜻하게 해주고 먹여주고 사랑해주고 놀아준다. 나는 신이 틀림없어!'라고 생각한다고 한다.

개나 고양이가 이렇게 생각할 리 없겠지만 이 이야기는 두 동물이 우리와 어떻게 관계를 맺고 있는지 잘 보여준다. 우리 개가 나를 감탄하듯 바라보는 느낌을 받을 때가 종종 있지만, 고양이한테는 그런 느낌을 받은 적이 없다. 고양이는 일종의 특권 의식을 가지고 세상을 살며 자신을 돌보고 자신이 원하는 대로 삶을 즐긴다.

고양이는 어제 혹은 내일을 걱정하지 않는다. 고양이는 편안하게 살아갈 줄 아는 능력이 있다고 알려져 있다. 야생 고양이는 하루 1시간 이상 '작업'에 시간을 쏟지 않는다. 그조차 사냥을 게임으로 바꿔서 즐긴다. 신중하게 사냥을 하기보다 기회가 주어지는 것은 무엇이라도 잡겠다는 심정으로 달려든다. 편안한 마음으로 일에 임한다는 표현이 더 잘 어울리겠다. 집고양이는 어느 정도까지는 야생에서 살아남을 수 있는데 이는 다른 반려동물은 좀처럼 할 수 없는 일이다.

고양이를 이해하는 것은 고양이가 좋아하는 것을 이해한다는 말과 같은 말일 것이다. 무엇을 좋아하느냐는 고양이마다 차이가 크다. 어떤 고양이는 주인에 대한 신뢰를 보이려고 배를 획 보였다가 감추고 어떤 고양이는 배를 문지르기를 좋아한다. 하지만 어떤 고양이는 서 있는 자세로 잠을 잘 정도로 경계심이 많고 사람의 손이 아주 가까이 오면 할퀴기도 한다.

고양이는 자신의 삶이 편안하도록 유도하는 데 천부적인 재능이 있는 듯 보이기도 한다. 선지자 모하메드는 기도하러 갈 때 옷깃 위에서 잠든 고양이를 깨우지 않으려고 기도복을 벗어놓고 갔다고도 하고 기도복의 소매를 잘랐다고도 한다.

우리는 반려동물을 위해 비상한 노력을 기울인다. 몽테뉴가 한 유명한 말이 있다. "내가 고양이와 놀 때 내가 고양이를 데리고 논 게 아니라 고양이가 나를 데리고 논 것이 아니라는 것을 어떻게 장담할 수 있겠는가."[103]

고양이처럼 속을 알 수 없는 동물에 대해 우리가 확실히 아는 것은 많지 않지만, 몽테뉴와 고양이가 **서로** 같이 놀았다는 것은 사실이다. 여기에는 어느 정도 호혜적 관계가 성립된다. 어쩌면 몽테뉴가 고양이를 가르치려고 하는 만큼 고양이도 몽테뉴를 가르치려고 했다고 볼 수 있다.

사람과 동물이 함께 살면 서로에게 영향을 주고받는다. 하지만 고양이를 우리 삶에 들여놓았을 때 대개 우리가 고양이를 길들이는 것보다 고양이가 우리를 길들이는 것이 사실이다. 고양이는 다른 존재에 자신을 맞추는 것을 싫어하는데 고양이 길들이기는 힘들기로 악명 높다.

영어 표현 중에 '고양이 몰이'라는 말이 있는데, 서로 다른 많은 개인을 하나로 이끌거나 협력시키는 것이 불가능에 가까울 때 쓴다. 극단적 개인주의자에 무리를 따르지 않는 고양이의 성향을 생각하면 꽤 적절한 표현인 셈이다.

인간과 살기로 택한 것은 우리가 아니라 고양이였다. 고양이는 사람들이 그들의 거주지 근처에 사는 것을 허락해주고, 그것이 자신에게 유리하다는 것을 알자 인간의 곁으로 왔다. 개는 이와 달리 적극적으로 인간이 길들였다.

인간과 고양이의 관계는 중동 지방에서 1만 년도 더 전에 시작한 것으로 추정된다. 그 후로 고양이는 크게 변하지 않았다. 인간과 고양이를 합장한 가장 오래된 기록은 9,500년 전으로 거슬러 올라가지만, 그 고양이가 반려동물이었는지는 정확하게 알 수 없다.[104]

반려동물로 고양이를 묘사한 그림 가운데 가장 오래된 것은 약 4,500년 전 이집트 미술에서 발견되었다. 고양이와 인간이 함께한 긴 세월 동안 유전학적으로는 아니어도 생활 양식 면에서 더 많이 변한 쪽은 고양이가 아니라 사람일 것이다.

인간이 동물을 길들이는 과정에서 생김새 또한 바뀐다. 귀가 아래로 축 늘어지고 송곳니는 더 작아지며, 종종 '어린아이 같은' 얼굴로 변모한다. 고양이는 이런 특징이 두드러지지 않았다.[105] 단, 뇌 크기가 야생 고양이와 비교해 3분의 1 가까이 줄었다는 점이 가장 큰 변화다. 특히 공포심·공격성과 관련된 뇌 영역이 크게 줄었다.

이런 진화의 과정을 겪으면서 인간을 두려워하는 고양이의 자연적 성향은 누그러졌다. 그래서 사람의 애정을 보다 잘 받아들이는 쪽으로 진화한 것으로 보인다. 이 덕분에 우리가 고양이를 그토록 좋아할 수 있게 되었을 것이다.

진화적 관점에서 고양이에게 일어난 또 다른 변화는 얼굴 형태가 어린아이의 얼굴과 딴판이 아니라는 점이다. 동그란 얼굴에 동그란 볼, 커다란 이마, 자그마한 코, 얼굴 전면에 배치된 커다란 눈의 모습이 말이다. 우리가 고양이에게 푹 빠지는 이유도 우리와 생김새가 비슷해 우리 자신을 고양이에게 더 많이 투영하기 때문이라고 볼 수 있겠다.

고양이의 표현 목록이 제한적인 것은 고양이가 무리 동물이 아니라는 이유가 클 것이다. 고양이도 욕구·신뢰·애정을 표현하기 위해 야옹 소리나 가르릉 소리를 내고, 사람의 다리에 몸을 비비거나 배를 보여준다. 반대의 의사 표시로 쉭 소리를 내거나 털을 곤두세우거나 등을 둥글게 말고 꼬리를 치켜올리기도 한다.

하지만 고양이는 기분이 좋다고 꼬리를 흔들지 않으며 공격 태세가 아니면 귀를 뒤로 젖히지 않는다. 고양이의 얼굴은 무표정하다. 고양이가 살아온 자연계의 역사를 돌이켜보면 고양이에게는 표정을 보여줄 무리가 없었으니 다양한 표현 목록을 발전시킬 이유가 과연 있었을까 싶다.

사람이 낯선 고양이의 눈을 가까이서 빤히 쳐다보는 행동은 고양이에게 도발을 의미한다. 그런 행동은 고양이와 좀 더 친해진 다음에 하는 게 좋다. 눈을 반쯤 감고 천천히 깜박이며 쳐다보는 건 괜찮을 수 있다. 이렇게 하면 편안하고 좋은 분위기를 만들 수 있다.

비록 우리가 바라는 만큼 따라주지 않을 수는 있어도 우리는 고양이와 커뮤니케이션할 수 있다. 고양이도 주인의 목소리를 인식한다. 하지만 개와 달리 인식했다 해도 뜨뜻미지근한 관심을 불러일으킬 뿐이기는 하다. 고양이 귀의 움직임을 보면 사람의 목소리도 잘 듣는다는 것을 알 수 있다. 구태여 고양이는 신경 써서 듣고 싶어 하지 않을 뿐이다.

고양이는 개와 다르게 사람이 자신을 보호해주기를 그다지 기대하지 않는다. 고양이의 사회성 발달 여부는 종과 개체마다 차이가 크지만, 일반적으로 사람과 고양이의 사회적 욕구는 차이가 매우 큰 편이다. 사람에게 삶에서 가장 큰 의미는 소수의 가장 가까운 사람과의 친밀감일 것이다. 그런데 고양이는 다르다. 우리가 고양이에게 의미하는 것보다 고양이가 우리에게 의미하는 게 더 클 수 있다.

반려묘를 키우는 입장에서 우리 고양이는 다르기를 바랄지 모르지만 우리 고양이가 그렇지 않다고 원망해서는 안 된다. 우리 고양이에게 우리가 둘도 없는 존재이기를 바랄지라도 말이다. 그것은 고양이에게 왜 날지 못하느냐고, 왜 철학책을 읽지 못하느냐고 원망하는 것과 같다.

지구상에는 고양이가 개보다 3배나 많다. 인간과 고양이가 얼마나 일방적인 관계를 맺고 있는지 생각해보면 이해할 수 없는 수치다. 우리는 고양이가 괜찮은지 확인하려고 하고, 고양이도 똑같이 그렇게 하기는 하는데 자신이 괜찮은지를 확인할 뿐이다. 고양이는 우리가 시키는 대로 행동하지 않고, 쥐를 잡을 때를 빼면 실용적인 측면에서 크게 기여하지도 않는다.

고양이가 쥐를 잘 잡는다는 잘못된 속설이 퍼져 있기도 하다.

개는 집을 지키고, 사냥하고, 운반을 하고, 다른 동물을 지키기도 한다. 적어도 일정 시간 동안은 사람의 지시를 충실히 따른다. 그러니 개와 사람은 협력하는 사이라고 말하는 것도 무리가 아니다.

고양이는 어떤가. 고양이 키우기는 이타적 행위의 완벽한 본보기라고 말하고 싶을 정도지만, 우리가 고양이를 키우며 얻는 것이 있으므로 전혀 사실이 아니다. 우리는 고양이 삶의 어느 한 부분을 공유하는 것을 허락받았고 그것은 우리 삶을 놀라울 정도로 풍요롭게 해준다.

고양이는 주인을 사랑할까? 그것은 고양이에 따라서, 주인에 따라서, 또 고양이와 주인이 어떤 관계를 맺고 있느냐에 따라서 다르다. 대부분 고양이는 개가 사랑하는 만큼 우리를 사랑하지 않겠지만 우리를 자신의 존재에 중요하고 기분 좋은 부분으로 받아들이고 있음은 분명하다. 우리는 고양이가 바라는 삶을 사는 것을 가능하게 해주는 사람이니까 말이다.

먹이는 늘 첨예한 쟁점이 되지만 먹이를 주는 통상적인 순서와 방법에 관해 고양이와 의견의 일치를 본 순간, 서로 애정을 가질 여건은 마련됐다고 볼 수 있다. 고양이의 불평을 피하려면 제법 철저히 지켜야 한다. 하지만 고양이와 주인의 관계는 단순히 먹이와 보금자리를 제공하는 관계에 그치지 않는다.

우리 가족이 여행을 떠났다고 하자. 우리만큼이나 먹이와 사랑을 주며 돌봐줄 좋은 사람이 대신 있어도 고양이는 뭔가 이전보다 덜 흡족해할 것이다. 개처럼 분명하게 표현하지 않더라도 우리 집의 반려묘는 우리를 만나면 기뻐한다. 돌아보면 키웠던 고양이 중에 내가 집에 와도 딱히 좋아하는 내색을 하지 않는 고양이도 있었고, 한껏 표현하는 고양이도 있었다.

14장 문어는 주관적인 삶을 살고 있다

    우리와 가장 비슷한 동물, 영장류·개·고양이 같은 포유동물을 이해하는 것과 우리와 가장 먼 동물을 이해하는 것은 어떻게 다른가. 그 흥미로운 사례가 문어다.[106] 진화의 역사에서 인간과 문어가 각자의 길을 걷기 시작한 때는, 다시 말해 인간도 문어도 존재하지 않았던 시기는 5억 년도 더 전의 일이다. 진화가 우리를 개·고양이와 다른 길로 옮겨놓은 지는 약 8,500만 년에서 1억 년, 개와 고양이 두 파트너가 헤어진 것은 3,000만 년에서 4,000만 년 전, 사람이 침팬지와 갈라진 것은 고작 600만 년에서 700만 년 전으로 추정된다.

    문어와 우리의 공통 조상이 어떻게 생겼는지 정확히 알 수는 없지만, 원시적인 신경 체계와 광수용체를 지닌, 몸길이가 몇 밀리미터 남짓한 약간 납작한 벌레였을 것으로 추정된다. 기초적인 형태의 눈이 있었을지도 모른다.

거의 모든 측면에서 문어와 사람은 멀리 떨어져 있어서 이해한다는 게 불가능해 보일 정도다. 문어의 몸부터 살펴보자. 형체가 없다시피 한 부드러운 덩어리로 되어 있고 뼈가 없다. 다리가 뻗어 나간 지점에 입이 있고 입에는 부리가 있다. 문어는 아주 작은 구멍도 통과할 수 있어서 수족관 탈출을 좋아한다.

가장 몸집이 큰 태평양문어는 길이가 5-6m에 이르며 힘이 세다. 다 자란 문어의 빨판 1개가 들어 올릴 수 있는 무게는 13-14kg에 이르는데, 이런 빨판이 무려 1,500-1,600개가 있다. 대부분 동물의 심장이 1개인 것과 달리 문어는 심장이 3개나 되고, 이 심장에서 청녹색 피를 뿜어낸다. 피가 청녹색인 이유는 혈액 속의 산소가 철이 아닌 구리와 결합해서 그렇다.

문어는 피부에 복잡한 무늬를 만들 수 있으며, 몸 색깔을 순간순간 바꿀 수 있다. 이러한 능력은 문어의 몸이 보호막 없이 그대로 노출되어 정체를 위장할 필요가 있어서다. 색 변화는 문어가 기분이 좋은지 아닌지, 그 마음의 상태를 표현하는 의사소통 역할도 한다. 문어가 편안할 때는 흰색, 흥분되었을 때는 붉은색을 띤다. 이 경우도 아니고 위장도 아닌 경우에 문어가 휘황찬란하게 몸 색을 바꾸는 이유는 아직 밝혀지지 않았다. 다른 문어와의 의사소통을 위한 행동이 아닐까 추측하는 의견도 있는데 문어는 색맹이므로 가능성은 매우 낮다.

순박한 느낌을 주는 문어의 검은 동공은 머리가 옆으로 기울어져 있을 때도 항상 수평으로 길쭉한 모양을 유지한다. 문어는 사람의 눈과 어느 정도 비슷한, 수정체가 발달해 시력이 뛰어나다. 피부에도 광수용체를 지니고 있어 피부로도 **보는 것**이 가능하다.

피부로 **보는 것**이 어떤 것일지 상상이 되는가. 솔직히 우리는 이 광수용체가 어떻게 작동하는지 자세히 알지 못한다. 빛에 반응하기는 하지만 어떤 정보가 뇌에 전달되고 있을지는 알 수 없다. 문어가 자기 몸을 경험하는 것은 우리가 우리 몸을 경험하는 것과 아주 다를 것이 분명하다.

문어에게서는 우리가 거울 앞에 섰을 때 발견하는 우리의 모습과 달라도 아주 다른 생김새를 보게 된다. 흡사 외계 행성에서 온 생물체를 보는 것 같은 느낌도 든다. 우리와 이렇게 다른 동물을 이해하는 게 가능하단 말인가. 이해할 만한 구석이 조금이라도 있기나 한가.

다음의 내용이 마지막 질문에 대한 답을 해주는 것 같다. 즉, 문어는 지능과 풍부한 의식을 지니고 있음을 생생히 보여주므로 우리가 이해하고 싶은 **어떤 것**이 분명히 존재한다. 문제는 '우리가 이 낯선 의식을 이해할 능력이 있는가'다.

우리가 원숭이·개·쥐 등에 인간을 비교할 때 마음속에는 이들 간에 비교를 가능하게 하는 유사성이 존재한다는 생각이 자리하고 있다. 인간과 동물은 특정 신경 구조가 공통으로 있다. 그래서 특별한 정신적 능력이 인간의 특정 신경계 구조와 관련이 있다는 게 입증됐다면 적어도 인간과 신경 구조가 비슷한 동물이 있을 때 그 동물에게도 인간 같은 정신 능력이 있을지 연구할 필요가 있다. 문어에 관해서는 이런 식의 연구가 가능하지 않다.

인간의 대뇌는 전두엽·측두엽·두정엽·후두엽 등 4개의 엽으로 나뉘지만 가장 복잡한 경우에 속하는 문어의 뇌는 75개로 나뉜다. 인간의 뇌와 다른 포유동물의 뇌는 기본 구조가 유사해서 비교할 수 있지만, 문어는 그렇게 하기 힘들다.

자이언트태평양문어는 5억 개의 뉴런을 갖고 있는데, 이는 개와 비슷하고 고양이보다 많다. 이해를 위해 비교해보자. 인간의 뉴런은 이보다 200배가량 많다. 뉴런의 숫자는 정신 능력을 나타내는 지표로 조금은 의문의 여지가 있다. 조류는 뉴런의 수가 많지 않지만, 꽤 복잡한 문제를 해결할 수 있다.

하지만 뉴런의 양은 적어도 그 동물의 잠재력에 관한 정보를 우리에게 어느 정도 제공해준다. 문어는 뉴런의 3분의 2

이상이 다리에 존재한다. 신기한 사실이다. 이는 문어가 주로 다리를 가지고 '생각할' 가능성이 매우 크다는 것을 뜻한다. 문어의 다리는 심지어 단기 기억력이 있고, 몸에서 잘려 나간 다음에도 몇 시간 동안 스스로 움직일 수 있다.

다리로 생각한다는 건 과연 어떤 것일까? 우리가 머리라고 부르는 부분이 식도를 둘러싸고 있다는 점도 어딘지 이상하다. 날카로운 것을 삼키면 불편한 느낌이 들지 않을까?

문어를 이해하려면 먼저 문어의 행동을 살펴야 한다. 문어는 여러 문제를 풀 수 있을 정도로 영리하다는 것을 행동으로 똑똑히 확인해주었다. 상대적으로 학습 능력은 느리지만, 도구를 쓸 수 있고 실험을 위해 설치해놓은 미로도 잘 통과했다. 뚜껑을 여는 법이 각각 다른 여러 상자를 여는 방법도 찾으려고 애썼다. 하지만 보상을 받기 위해 레버를 당기는 것 같은 작업을 배우는 것은 힘들었다.

사람을 알아볼 수 있는 문어는 여러 명이 같은 옷을 입고 있어도 구별할 수 있었다. 사람의 얼굴을 보고 누구인지 알아보는 것이다. 다른 종 중에도 이런 능력이 있는 종들이 많다. 특히 영장류의 능력은 잘 알려져 있고, 까마귀 같은 몇몇 조류 중에도 이런 능력이 있음이 밝혀졌다.

더구나 문어는 자신이 좋아하는 사람과 싫어하는 사람도

기억했다. 여기서 싫어하는 사람이란 잘 대해주지 않은 사람을 말한다. 이것은 문어가 자기가 싫어하는 사람을 조준해 물을 뿜는 행동을 통해서 알아볼 수 있다. 이 행동은 일회성 행동이 아니라 계획적인 행동이기도 했다. 문어가 있는 수족관 앞에 같은 옷을 입혀 여러 명을 죽 세워놓으면 문어는 조금 전에 물을 쏘았던 사람에게 또 물총 세례를 보냈다.

문어는 수족관 탈출을 좋아하는데 심지어 지켜보는 사람이 없을 때까지 기회를 기다릴 줄도 안다. 연구실에 근무하던 사람들이 모두 퇴근하는 시간까지 말이다. 이는 문어가 자신을 관찰하는 사람이 있는지 없는지를 인식하고 있음을 보여준다. 몸 어느 부분에 상처를 입으면 보호하려는 행동을 하는 것으로 볼 때 고통을 느낌을 알 수 있다. 맛을 느끼고 냄새를 맡는 능력도 잘 발달해 있다. 이 모든 것을 종합해보면 문어는 풍성하고 주관적인 삶이 있다고 보는 것이 타당해 보인다.

문어는 수명이 짧은 편이다. 대부분 1~2년 살고, 자이언트 태평양문어도 4년을 넘기지 못한다. 암수 전부 평생 단 1번만 번식 활동을 한다. 문어는 놀이도 한다. 작은 문어들이 코코넛 껍질 2개를 가지고 다니면서 안에 몸을 말고 들어가 은신용으로 쓰는 모습이 관찰된 적이 있다. 이 코코넛 껍질 안에 들어 갔다가 언덕 위에서 아래로 굴러 내려오고, 다시 코코넛 껍질을 위로 가지고 가서 내려오는 모습이 포착되기도 했다. 이것은 인간이 썰매를 타는 모습과 거의 흡사하다.

문어는 왜 이런 행동을 할까? 아마도 재미있을 것 같아서일 것이다. 넓은 견지에서 보면 놀이란 어린 개체가 커서 직면해야 할 험난한 인생에 대비하는 준비 활동이다. 즉, 다른 목적을 위해 성립하는 놀이다. 게임의 목적은 게임 자체가 아닌 다른 데 있다. 놀이를 이렇게 규정했을 때의 문제점은 놀이의 '탐미적인 속성'을 반영하지 못했다는 점이다.[107]

놀이를 규성하는 것은 이러한 미학적인 차원으로, 놀이가 재미있는지의 차원은 다른 어떤 것으로도 대체될 수 없다. 나중을 위해서 하는 놀이도 있겠지만 놀이를 위한 놀이도 있다. 놀이란 자기 목적적인 성격, 즉 그 자체에 목적이 있다. 문어가 푹 빠져서 하는 것 같은 놀이는 이런 성격의 놀이이며, 이는 문어에게 의식이 넘치도록 있음을 보여주는 증거다.

우리는 문어의 의식 가운데 **일부**를, 하지만 그렇게 많이는 이해할 수 없다. 우리에게는 낯선 탓이다. 가다머는 '이해란 지평의 융합'이라고 했다. 즉, 우리 자신이 기존에 가지고 있던 지평에 새로운 지평을 가져와 이해해야 할 대상에 더욱 가까이 가는 과정이라는 것이다. 처음에 이 지평 사이의 거리가 멀면 멀수록 그 과정은 더욱 힘겨워지게 된다.

동물을 이해하는 데 문어를 이해하기 위한 지평보다 우리에게서 더 멀리 떨어진 지평도 없을 것이다. 우리는 문어가 편안한지 불안한지, 기분이 좋은지 화가 났는지를 안다. 놀이를 좋아하고 강한 빛과 갇힌 상태를 싫어하며 어떤 사람은 좋아하지만, 또 어떤 사람은 싫어한다는 사실도 안다. 하지만 이런것 외에 문어의 내면적 삶은 우리가 이해할 수 있는 범위를 크게 뛰어넘는 영역이다.

─────── 15장 외로움을 느끼는 동물들

동물도 외로움을 느낄까? 외로움을 정의하기에 따라 그럴 수도 있고 아닐 수도 있다. 오랫동안 나는 고립되어 있는 동물은 멍한 상태로 외로움을 느낄 수 없다고 생각했다. 이 생각은 고양이 라세가 병이 나서 세상을 떠났을 때 달라졌다. 라세와 쌍둥이 형제인 가이르가 그때 보여준 것은 '외로움'과 '슬픔'이라는 단어를 쓰지 않고는 도저히 표현할 수 없었다.

병에 걸려 신장이 약해진 라세는 가이르를 멀리했다. 이따금 가이르가 라세를 찾으러 가면 그대로 있을 때도 있었지만 둘은 예전처럼 소파 위나 바구니 속에 혹은 침실 퀼트 이불 아래 같이 있지 않았다. 둘은 매일같이 하던 싸움놀이를 하지 않았고, 라세는 가이르를 핥아주지 않았다. 라세에게 더는 손을 쓸 수 없게 된 날, 수의사가 집에 와서 라세를 안락사시켰다.

그 후 가이르는 끊임없이 울면서 집 안을 돌아다니며 라세를 찾았다. 13년간 단 하루도 함께 있지 않은 날이 없었으니 이상할 것도 없었다. 어느 정도 시간이 흐르면 슬픔이 지나갈 거라고 나는 생각했다.

가이르의 마음을 안정시켜주려고 페로몬 스프레이를 사서 뿌려주고 더욱 사랑과 관심을 쏟았다. 하지만 가이르는 내 무릎 위에 있을 때만 괜찮았다. 내가 없거나 다른 일을 하고 있으면 또다시 울음소리를 내며 쉬지 않고 라세를 찾아다녔다.

시간이 흘러도 증세는 호전되지 않았다. 시간이 가이르의 상처를 치유해주지 못했다. 가이르의 존재를 떠받치고 있던 중요한 기반이 무너져내린 모양이었다. 형제를 잃은 가이르는 끔찍한 외로움에 시달리고 있었다.

고양이의 정신세계를 들여다볼 수는 없는 노릇이므로 어떤 식으로 외로움을 느끼는지 말하려는 건 아니다. 고양이와 인간은 아주 다른 형태의 삶과 다른 인지적·감정적 자원이 있어서 감정이란 것도 지극히 다르게 나타날 수밖에 없다. 하지만 우리는 인간과 동물에게서 공통으로 발견되는 비슷한 행동을 출발점으로 삼을 수 있다. 이런 부분이 있는 덕분에 어느 정도의 의사소통이 가능한 것이다.

라세와 가이르는 내게 일상에서 원하는 것을 아주 분명하게 요구했다. 목이 말라 샤워실의 물을 핥아 먹고 싶을 때, 밥이 먹고 싶을 때, 뭔가 두려운 게 있을 때, 놀고 싶을 때, 사랑이 필요할 때 등 말이다. 문제는 두 녀석이 보다 복잡한 감정이 있을까 하는 점이다. 라세가 숨진 후 가이르가 보여준 건 깊은 슬픔이었다고밖에 달리 표현할 말이 없다. 가이르가 실제 이 상황을 어떻게 경험하는지 논하기는 어렵다. 어쩌면 내가 라세를 잃은 슬픔을 가이르에게 투영하며 의인화의 오류에 빠진 것이라고 공격받을지 모르겠다.

그렇지만 동물을 이해하려고 하는 지점에서 우리는 기본적으로 의인화의 방법을 쓸 수밖에 없다. 우리의 주관성이 우리가 기반으로 삼을 수 있는 유일한 근거이므로 어떤 동물이 무언가를 어떻게 경험하는지 이해하려면 우리의 경험에서 끌어온 개념을 쓸 수밖에 없다.

그래서 '동물도 외로움을 타는가'란 질문에 대해 내가 내리는 결론은 '그렇다'다. 동물과 인간의 외로움이 다르게 나타나더라도 사회적 동물은 사회적으로 거부당했을 때 쓰라림을 느끼게 마련이다. 사회적으로 외톨이가 된 앵무새가 일찍 죽는다는 연구도 있었다.[108] 이런 현상은 심지어 개미 같은 기초 생물에서도 관찰할 수 있었다.[109]

하지만 이를 근거로 개미가 외로움을 경험한다고 주장하는 것은 무리다. 개미와 인간은 다른 생명체이므로 인간의 경험에서 나온 '외로움' 같은 심리학 용어를 두 개체에 모두 적용하는 것은 문제의 소지가 있다.

우리는 고양이나 개와 좀 더 친밀하고 좀 더 소통이 되는 관계를 맺고 있다. 반려견 루나가 집에 혼자 있을 때나 알레르기가 있는 손님이 와서 방에 가둬놓았을 때, 루나가 외로움이라는 사회적 고통을 느끼는 것은 분명해 보였다. 루나의 행동과 표정이 이를 여실히 말해주었다. 그 외로움은 인간의 삶에 영향을 주는 것과는 성격이 다를 것이다.

인간의 외로움은 타인과 실제로 맺고 있는 애착의 정도와 맺기를 기대하는 애착의 정도의 차이라고 말할 수 있는데, 루나에게 '다른 존재와 애착을 맺기를 기대'하는 정신적 능력이 있다고 볼 수 있는가에 대해 나는 회의적이기 때문이다.[110]

루나의 외로움은 인간이 느끼는 외로움과 동일하지 않을 것이다. 루나는 같이 놀고 있는 다른 개와의 게임에서 자신이 제외되었는지 생각하지 않는다. 자신이 동족과 어떤 종류의 관련성을 맺어야 하는지를 알지 못한다는 얘기다. 루나한테는 인간의 언어적·상징적 자원이 없어서 루나의 감정 세계를 지금 이곳에서 벌어지는 일로 제한시키고 만다.

상징의 우주에서 살아가는 인간의 감정 세계는 범위와 복잡성이 지극히 다르다. 반면 루나의 정신세계는 기껏해야 몸 안에서 실감된다. 다른 사람과 있을 때 그가 '진짜로' 무슨 생각을 하는지, 어떤 의미에서 겉모습이 거짓으로 꾸민 모습은 아닌지 궁금할 때가 있다. 둘이 있을 때 상대의 주관성 역시 감춰진 요소이므로 두 사람 사이에는 늘 거리가 생기기 마련이다. 그러나 그것이 '내면의' 현상이라서가 아니라 상대방이 자신의 감정을 숨겨서 감춰져 있는 것이다.

그런데 루나는 그 무엇도 스스로 감추지 않는다. 그래서 나는 개와 있을 때 외로움을 느낄 수 없다. 사람하고 있을 때 더러 느끼는 외로움을 말이다. 개의 존재에는 외로움을 성립시키지 않는 어떤 직접성이 있다. 동물과 함께 있는 것이 그토록 의미 있게 느껴지는 것은 부분적으로 우리와 동물 사이에 위장의 필터가 존재하지 않는다는 데 그 이유가 있다.

하지만 나는 가이르의 상태를 '외로움'으로 분류해야 하는지 확신이 서지 않는다. 어쩌면 비통함이라 부르는 게 맞을지 모르겠다. 혹은 그 둘 다이지 않을까 싶다. 고양이는 대체로 가장 가까운 짝을 잃으면 계속 그 짝을 찾는다고 한다. 함께 있었던 곳이나 잠을 잤던 장소를 반복적으로 찾는다고 한다. 시간이 흐를수록 그 체취는 옅어지지만, 상실감은 냄새가 머무는 것보다 더 오래 남는다. 라세가 죽었을 때 가이르는 여태껏 들어보지 못한 깊은 곳에서 흘러나오는 울음소리를 냈다. 잠을 자지 못했고, 식욕을 잃었다. 가이르의 행동은 비탄에 빠진 인간의 행동과 조금도 다르지 않았다. 가이르가 라세의 죽음을 슬퍼하는 것은 아니라고 생각한다. 라세가 사라지고 **없다**는 사실에 절망하는 거라고 생각한다.

가이르가 라세의 죽음을 애통해하는 게 아니라고 한 이유는 그 녀석에게는 죽음의 개념 자체가 없기 때문이다. 먼저 떠난 형제를 그리워한다는 사실만은 분명했다. 라세가 죽은 뒤 새 고양이를 집에 들였다면 가이르는 어떻게 반응했을까? 예측하기는 어렵지만, 마음이 다정한 만큼 처음에 미심쩍은 눈초리를 던지기는 해도 결국 새 친구를 환영했을 것 같다.

하지만 가이르의 외로움을 조금은 덜어줄 수 있어도 라세가 떠난 뒤 하루도 빼놓지 않고 찾아다니던 행동을 중단시킬 정도로 비통함을 덜어줄 것이라고는 상상할 수 없다. 가이르는 다른 고양이를 필요로 했던 게 아니라 **라세**를 그리워했다. 순전히 추측이지만 내 생각은 이렇다.

동물의 슬픔에 관한 연구는 미개척 분야다. 적어도 동물에게 비통함의 상태가 존재하는지 파악하려면 사회적 행동의 패턴을 살펴보고 식습관과 수면 습관에서의 변화와 다른 감정 표현은 어떤지 살펴봐야 한다.[111] 이 징후들은 다른 감정과 마찬가지로 종과 개체에 따라서 여러 양상으로 나타난다.

간혹 동물의 슬픔을 사람의 슬픔과 구분해야 한다고 주장하는 사람도 있다. 인간이 느끼는 슬픔은 오직 인간만이 소유한 가치에서 나온다고 보는 것이다. 하지만 인간이 느끼는 비통함이 모두 같지는 않다. 사람마다 비통해하는 방법도 제각각이다. 어떤 비통함에서나 발견되는 공통 요소라면 없어서는 안 될 존재를 상실함으로써 발생하는 고통이라는 점이다.

인간의 비탄과 동물의 비탄이 가장 다른 부분이라면, 우리는 누군가가 곁을 떠나기도 **전에**, 그것이 일어날 것이라는 사실을 알고 미리 상실을 예상해 슬픔에 빠질 수 있다는 점이다. 어느 정도 필연적인 결과를 초래할 질병을 진단받는 때처럼 말이다. 우리는 또 한 번도 만난 적 없는, 우리에게 의미가 있는 작가나 음악가가 세상을 떠났을 때도 큰 슬픔에 잠긴다.

동물 가운데 어떤 종이 죽음이라는 현상을 인식하는지 가려내기란 쉽지 않다. 코끼리·침팬지 같은 동물은 다른 개체의 죽음을 인식한다는 단서가 있지만 말·까마귀·양 같은 동물은 그렇지 않은 것으로 짐작된다. 한 동물이 다른 개체의 죽음을 인식할 수 없다면 자신의 죽음을 인식할 가능성도 적다.

결국에 우리가 목격하는 죽음은 우리 자신의 죽음이 아

니라 늘 다른 누군가의 죽음이다. 다른 사람이 죽는다는 걸 아는 것은 언젠가 죽을 수밖에 없는 자기 자신의 운명을 인식하도록 돕는다. 우리에게 죽음의 개념을 알려주는 것은 타인의 죽음인 것이다. 세계적인 영장류학자 프란스 드 발은 나이든 원숭이와 코끼리가 자신에게 장차 죽음이 닥칠 것이란 사실을 아는지에 대해 의문을 갖기도 했다.[112] 내 생각에 그 정도까지 가능할 것 같지는 않다.

하지만 동물이 '죽음'의 개념을 알아야만 비탄에 빠지는 것은 아니다. 애착이 있던 다른 동물이 물리적으로 눈앞에서 사라지거나 텅 빈 차가운 껍데기만 남은 것만으로도 충분하리라 생각한다. 비통해하는 것은 어떤 **관계**의 상실을 인식했기 때문이다. 이것을 '죽음'으로 이해할 수 있는 능력이 있는지는 그다지 중요하지 않다고 본다. 비탄에 빠지는 순간의 그 상실감은 참담할 뿐이다.

반드시 누군가의 죽음만이 비통함을 불러일으키는 것은 아니다. 한 사람의 인생에서 중요한 사람을 볼 수 없게 되는 경우, 배우자와 관계를 정리했을 때도 비통함에 빠질 수 있다. 크나큰 슬픔은 늘 **누군가** 때문이다. 그 부재를 도저히 견딜 수 없는 어떤 존재를 상실함으로써 생기는 고통이다.

프로이트는 비애감과 비통함이 상실을 인식함으로써 초래

되는 면에서는 같지만, 비통함은 항상 상실의 대상에 대한 명확한 인식을 바탕으로 하고 비애감은 자신이 잃은 것이 무엇인지 잘 모를 때 생긴다고 분석했다.[113] 나는 동물이 비애감을 느끼는지는 모르겠지만 비통함은 느낄 수 있다고 확신한다.

비탄에 빠진 침팬지의 행동을 알게 해준 유명한 사례는 영국의 영장류 동물학자이자 인류학자인 제인 구달을 통해 세상에 알려졌다. 어미를 잃고 비탄에 빠진 수컷 플린트는 침팬지 무리에서 떨어져 나왔다. 플린트는 어미 플로가 40대에 낳은 늦둥이였다. 그만큼 애지중지 응석받이로 자라서 엄마의 가슴에 코를 비비고 등에 올라타는 어리광을 다른 형제자매보다 몇 년을 더 부리기도 했다. 두 모자는 떨어질 수 없는 사이가 되었다. 그리고 죽음이 그들을 갈라놓았다.

어미의 죽음 이후 플린트는 엄마와 함께 지냈던 보금자리가 있는 나무 위로 올라가 자리 잡고서 연구자들이 주는 먹을 것을 거부하며 식음을 전폐했다. 생명이 송두리째 플린트에게서 빠져나간 듯싶었다. 늦둥이 침팬지는 한 달도 되지 않아 숨을 거두었다.[114] 진화적 관점에서 이러한 애통함은 이로울 것 없는 현상으로 보이기도 한다.

왜 살아남는 쪽으로 진화하지 않고 자신의 유전자를 전달하지 못한 채 스러지는 쪽으로 진화했는지 의아할 수밖에 없는 대목이다. 가능한 합리적인 해석은 비통한 감정이 사랑의 어두운 이면으로서 함께 진화했을 것이라는 해석이다. 누군가를 사랑할 수 있으므로 동물과 인간은 비통함을 느끼는 것이다.

누군가에게 애착을 형성할 능력이 있었다면 애착 관계에 있던 그 누군가를 상실했을 때 애통함을 느끼는 능력도 가질 수밖에 없다. 하나의 현상에는 다른 현상이 따르기 마련이다. 내가 보았을 때 동물은 다른 대상을 사랑할 수 있는 존재다.

우리는 반려동물을 인간과 비슷하게 대한다. 적어도 그들에게 이름을 붙여주는데 이는 그 자체로 유일함, 즉 대체 불가능성을 드러낸다. 반려견 루나는 그냥 개나 그냥 휘핏이 아니라 루나라는 이름의 개다. 루나만 루나가 될 수 있다. 반려묘 라세와 가이르도 그랬다. 라세는 라세였고, 가이르는 가이르였다. 어느 것도 이들을 대신할 수 없었다. 내가 기르던 동물이 숨을 거뒀을 때 감당할 수 없을 만큼 큰 슬픔에 빠졌던 까닭도 이 명백한 대체 불가능성에서 비롯되었다.

인간하고 맺는 관계와 동물하고 맺는 관계가 엄연히 다르므로 가까운 사람이 숨졌을 때와 **동일한** 애통함을 느꼈다고 말하려는 것은 아니다. 하지만 가슴 저미는 슬픔이어서 반려동물이 세상을 떠날 때마다 나는 목놓아 울었다. 그 비통함 속에도 긍정적인 요소가 있다면 이 슬픔을 통해 동물과 맺은 관계가 진심이었음을 보여줄 수 있다는 점이다.

매일 함께하는 반려견조차 우리와 의사소통할 때 쓰는 언어 사용역이 제한되어 있어 우리가 하는 말의 **뜻**을 이해할 수 없다. 우리가 어떤 이유로 슬픔에 잠겨 있을 때 그것을 반려견에게 말한다면 반려견**을 향해** 말하는 것이지 함께 대화를 나누는 건 아니다. 불행히도 반려견은 우리의 기분에 반응할 수는 있어도 우리가 하는 말을 이해하지는 못해서다.

어머니가 돌아가셨을 때 반려견 루나는 나를 평상시보다 훨씬 자주 쳐다보는 것처럼 느껴졌다. 평상시에도 시선을 많이 보내지만, 모친상 후 얼마간 나를 더욱 주의 깊게 쳐다보는 느낌이 들었다. 루나의 표정에서 마치 나의 슬픔을 알겠다는 듯한 어떤 이해의 표정을 자연스럽게 읽을 수 있었다.

나는 루나에게 어머니를 잃은 슬픔에 대해 많이 이야기했다. 알아듣지 못할 걸 알지만, 7년 전 아버지가 세상을 떠났을 때 고양이들에게 그랬던 것처럼 마음을 털어놓는 게 좋았다. 이성적으로 생각하면 반려견이 나의 비통한 심정을 알아차리거나 슬픔을 조금이라도 알 리 없다. 상중의 내가 어딘가 달라졌다는 사실에 반응하고 있을 뿐이다. 무슨 일인지 나름 해석해보려고 나를 보다 주의 깊게 살폈을 것이다.

사람이 위로가 필요하다는 사실을 반려동물이 알 리 없으니 그들이 우리를 위로하려는 시도를 할 수 없지만, 우리가 인생에서 가장 힘든 시간을 보낼 때 그 존재만으로도 큰 위안이 되어준다.

〈전도서〉 3장 19절에 이런 구절이 있다. "인생이 당하는 일을 짐승도 당하나니 그들이 당하는 일이 일반이라 다 동일한 호흡이 있어서 짐승이 죽음 같이 사람도 죽으니 사람이 짐승보다 뛰어남이 없음은 모든 것이 헛됨이로다".

동물과 마찬가지로 인간도 죽는다. 어떤 조개는 400-500년까지 살기도 한다. 영원히 산다는 해파리도 다치거나 잡아먹힐 위험이 있으므로 영원한 삶은 존재하지 않는다. 수명이 200년 정도로 추정되는 그린란드상어는 연구를 통해 최대 500년 이상 살 수 있다고 밝혀지기도 했다. 북극고래(그린란드고래) 역시 200년 넘게 생존할 수 있다.

수명의 눈금 저 반대편 끝에 있는 카멜레온과 생쥐는 다치거나 잡아먹히지 않는다면 1년 정도 산다. 하루살이는 말할 것도 없다. 3,000종 이상에 이르는 하루살이는 몇 시간에서 며칠간 생존하고 생을 마친다.

현재 인간의 평균 기대수명은 증가하는 추세지만 구체적인 수치는 나라마다 다르다. 기대수명이 고작 40년 정도로 낮은 나라도 있고 그 2배인 나라도 있다. 그래도 우리의 기대수명과 관련해서 다른 동물과 다른 특별한 차이점을 발견하기는 어렵다. 단, 언젠가 자신의 인생과 타인의 인생이 끝날 것이라는 사실을 의식하며 생을 살아간다는 점이 특별하다.

16장 동물도 윤리의식이 있을까

    동물도 도덕적인 결정으로 보이는 결정을 하는 것이 가능하다. 먹이를 받으면 다른 원숭이가 고통스러운 전기 충격을 받도록 설계한 실험에서 레서스원숭이(붉은털원숭이)가 먹이를 거부했다는 연구 결과가 50년도 더 전에 학계에 발표되었다.[115]

    체인을 당기면 음식이 나오지만 그렇게 하면 동료 원숭이에게 충격이 가해지도록 설계된 실험에서 원숭이들은 체인을 당기지 않았다. 한 원숭이는 12일 동안 먹지 않고 버텼다. 쥐를 대상으로 한 실험에서도 결과는 같았다.[116] 이는 원숭이와 쥐가, 그리고 비슷하게 행동하는 다른 종이 도덕적 객체로서가 아니라 도덕적 주체로서 어쩌면 인간의 윤리학 내에 포함시켜야 할 수도 있다는 사실을 시사한다고 볼 수 있다.

그렇다고 해서 동물이 한순간 천사표가 되는 것은 아니다. 우리의 도덕적 관점에서 보면 동물은 무지막지한 존재일 뿐이다! 침팬지는 그중에서 단연 최악이다. 암컷과 수컷 가리지 않고 나타나는, 다른 침팬지의 새끼를 죽인 다음 잡아먹는 습성은 윤리 영역 밖의 행동으로 보지 않으면 도저히 용인하기 힘든 행동이다.

혹시 동물이 하는 행위를 도덕적인 행위라고 칭찬할 수 있다면 동물이 한 행동을 윤리적으로 비난하는 것도 정당하다고 할 수 있을까? 이런 생각은 중세와 르네상스 시대 때 동물을 재판정에 세웠던 것처럼 우스꽝스러운 촌극으로 이어질 수 있다.[117]

가장 유명한 사례는 1457년 프랑스에서 5살 난 남자아이를 살해한 혐의로 기소된 암퇘지 사건이다. 새끼 돼지 6마리와 함께 기소된 암퇘지에게 사건 진술을 위해 변호사가 선임되었는데 어미 돼지는 사형을 선고받았다. 새끼 돼지들은 어린 데다 어미가 나쁜 영향을 미친 점을 참작해 석방되었다.

이 재판이 터무니없는 이유는 동물을 그들이 속하지도 않는 규범의 우주 속에 끌어들여서다. 암퇘지는 아이를 죽이는 것이 도덕적으로 나쁜 짓이라는 것을 알기 위한 최소한의 요건을 갖추지 않았다. 규범적인 우주 내에 자신을 두기 위한 최소한의 전제 조건이 애초에 결여되었다. 그러므로 마치 그런 능력이 있는 양 동물을 취급하고 있으니 우스꽝스러워졌다.

쥐와 레서스원숭이는 어떻게 된 일인가. 쥐와 레서스원숭이가 동족이 고통받을 걸 알고 음식을 거부했을 때 이들에게 규범적 우주를 지향하려는 자각이 있었던 걸까? 전혀 없지는 않았을 것이다. 하지만 동족의 고통을 인식한 게 아니라 그들의 괴로운 울음소리로 인해 식욕이 떨어졌다고 보는 게 타당한 추론일 것이다.

쥐와 레서스원숭이의 행동을 유발한 것은 자기 자신의 안녕과 불편함에 관한 관심이었을 것이다. 이는 철학자 토머스 홉스더러 인간이 누구나 이기적인 동기를 가지고 행동한다고 믿으면서 왜 거지한테 돈을 주는가 하고 물었을 때, 곤란한 상황에 빠진 사람을 보고 생기는 불편함을 줄이기 위한 행동이었다고 답했던 것과 같은 맥락이다.

동물이 도덕적인 행동을 할 능력이 있다고 볼 근거가 빈약하므로 그런 능력이 없다고 치부하는 것은 동물을 다소 야박하게 평가한 것처럼 보이기도 한다. 하지만 그렇지 않다는 것을 뒷받침하는 증거가 있다. 쥐를 대상으로 음식을 받을 수 있는 레버를 누르면 동료 쥐가 충격을 받지는 않아도 백색 소

음을 유발하는 실험을 해보았더니, 역시나 레버를 누르는 쥐가 별로 없는 것으로 나타났다.[118]

동물이 다른 동물이나 사람을 구하는 선의의 행동을 하는 사례를 깡그리 무시할 수는 없다. 어느 종의 어미가 다른 종의 새끼한테 보이는 연민의 행동도 마찬가지다. '일화에 지나지 않는다'고 치부하기에는 기록이 많다. 이 일화들은 팩트다.

자연은 인정사정없는 격전지만이 아니라 공감과 도움의 장소이기도 하다. 하지만 동물이 공감과 친절함을 보여준다고 해서 이들을 도덕적 존재로 칭하는 게 타당해지지는 않는다. 다음의 경우에만 윤리적인 행위에 해당한다고 볼 수 있다. 첫째, 선택 가능한 행동이 여러 개 있다. 둘째, 행위자는 규범적 관점에서 이 선택지들을 **평가할 수 있다**. 셋째, 이 선택지 사이에 1개를 **택할 수 있다**.

우리가 아는 한 이 3가지 조건에 부합하는 행동을 할 수 있는 존재는 인간뿐이다. 다윈의 생각도 비슷했다. 그는 "도덕적인 존재란 자신의 지난 행위와 그 동기에 대해 성찰할 수 있는 존재다. 어떤 행동은 수긍하고 어떤 행동은 탐탁잖아 하는 존재"[119]라고 했다. 그는 오직 인간만이 이런 능력이 있지만 다른 동물도 이런 능력이 발달할 것이라고 내다봤다.

이런 이유로 인간에게는 도덕적인 요구를 할 수 있지만,

동물에게는 하지 않는다. 우리의 도덕적 잣대로 보면 침팬지의 행동은 사악하기 그지없지만, 악마라고 손가락질할 수는 **없다**. 인간은 **이성**을 근거로 **행동**할 수 있는 유일한 동물이다. 이런 행동을 하려면 다른 동물이 갖지 못한 특별한 인지 능력이 있어야 한다.

프랑스 드 발은 침팬지를 비롯해 동물은 이성을 토대로 행동할 수 없고, 그러므로 참된 의미에서 도덕성이 있지 않다고 결론 내렸다. 하지만 동물은 윤리적 관념을 쌓아가는 길목에 있는 것으로 간주할 수 있는 다양한 자질이 있다고 설득력 있게 주장했다.[120]

인간은 보노보(피그미침팬지)와 훨씬 더 가까운 관계에 있는 것으로 밝혀졌는데, 이상하게도 인간과 자주 비교되는 것은 보노보가 아니라 침팬지다. 침팬지 사회는 공격적인 성향을 보이며 우두머리 수컷이 제일 상단에 위치하는 엄격한 계층 구조이지만, 보노보 사회는 암컷이 이끄는 평등한 위계 구조를 특징으로 한다.

보노보 무리는 암컷의 호감을 사려고 수컷이 경쟁을 벌이는 경우가 극히 드물고, 싸움도 거의 일어나지 않으며 모든 구성원이 시도 때도 없이 서로 섹스를 한다. 보노보는 동물 세계의 히피라 일컬을 만큼 자유롭고 평화로운 동물이다. 침팬지는 다른 침팬지의 새끼를 죽이는 일이 흔하지만, 보노보는 그런 행동이 관찰되지 않았다. 보노보 사회와 결정적인 면에서 차이가 크지만, 인간 사회는 침팬지 사회와 비슷한 부분이 있는 만큼 보노보 사회와도 유사성이 많다.

데이비드 흄은 동물이 용기·끈기·진정성·친절함 같은 자연의 미덕을 소유한 건 사실이지만, 무엇이 미덕이고 무엇이 악덕인지 인지하는 분별력이 있지 않다고 강조했다.[121] 하지만 동물에게 자연의 미덕이 있다고 믿었던 흄의 사상은 학계에서 동물의 세계에 윤리적 차원이 있음을 인정하는 방향으로 물꼬를 트는 데 이바지했다.

동물이 다른 동물이나 사람에게 품는 연민의 감정을 바탕으로 행동을 한다는 게 가능한가. 전혀 말이 되지 않을까? 생물학적 해석의 틀로 보면 이런 행위는 친족선택(혈연도태)을 통해서 자신의 유전자를 전해준다거나 상응하는 호의를 돌려받기를 기대하는 개인의 이익 추구 결과로 해석될 수 있다. 어느 경우든 동물은 감정적으로 반응할 채비가 되어 있어서 타인을 돕거나 타인의 고통을 덜어주고 싶어 하는 존재라는 것이다. 우리가 윤리적으로 선한 행동이라고 보는 식으로 감정의 조율이 되어 있다는 얘기다.

그렇게 본다면 동물은 도덕적 행위를 하는 독립된 실체로 간주될 수는 없더라도 어쩌면 도덕적 행동의 원형을 지니고 있는 존재로 볼 수 있지 않을까. 어떤 동물은 우리가 하는 도덕적 구분과 비슷한 어떤 구분을 할 수 있는 것처럼 보이기도 한다. 어떤 침팬지는 자신에게 먹이를 **주고 싶어 하지 않는** 사람과 먹이를 **줄 수 없는** 사람을 구분한다. 다시 말해 바라던 결과라도 그것을 평가할 때 자신들이 선호하는 바와 얼마나 일치하는지 좀 더 복합적인 관점에서 평가할 수 있다는 얘기다.

일부 동물은 도덕적 우주로 들어가는 문턱 밑까지 도달해 있다. 하지만 이 문턱을 넘으려면 동물에게 있을 거라고 볼 근거가 없는 여러 가지 정신 능력이 있어야 한다. 동물에게 윤리의식이 있을 거라고 생각할 수 없을지라도, '윤리'의 뜻이 공감을 기초로 행동하는 능력 이상의 그 무언가라고 한다면 이것이 동물한테 어떤 도덕적 지위도 없다는 것을 뜻하지는 않는다. 문제는 '어떤 도덕적 지위를 동물에게 부여할 것인가'다.

1975년 프랑스의 철학자 에마뉘엘 레비나스는 개 보비에 관한 에세이를 1편 썼다.[122] 보비는 어느 날 레비나스가 있던 유대인수용소로 어슬렁거리며 들어왔다. 레비나스를 비롯한 유대인들은 이곳에서 독일 병사들에게 인간 이하의 취급을 받는 데 익숙해져 있었다. 유대인과 독일 병사들이 생김새가 비슷하다든가 행동이 비슷하다는 것은 중요하지 않았다. 유대인

이어서 인간성을 인정받지 못했다.

　반면 보비는 유대인과 유대인이 아닌 사람, 아니 '인간 이하의 사람'과 인간을 구별하지 않았다. 보비는 독일 병사들에게 쫓겨나기 전까지 몇 주간 유대인들과 함께하면서 초롱초롱한 눈망울로 꼬리를 흔들며 다가왔다. 보비는 레비나스와 동료들이 같은 사람이라는 사실을 의심하지 않았고, 병사들과 다르게 그들의 존재를 인정했다. 어떤 의미에서 이 개는 레비나스에게 유대인수용소의 독일 병사보다 더욱 인간적인 존재였다.

　레비나스는 보비를 '나치 독일 최후의 칸트 신봉자'라고 불렀다. 아이러니하게도 유대인 학살의 실무 책임을 맡았던 나치 친위대 장교 아돌프 아이히만도 칸트 추종자를 자처했다고 한다. 레비나스의 에세이는 거기서부터 이 동물과 인간의 조우에 관한 가슴 훈훈한 이야기를 풀어간다.

　그는 인간과 동물 사이에 명확하게 선을 그었고, 칸트의 사상에 깊이 동조했다. 레비나스는 보비가 칸트의 윤리학이 요구하는 것처럼 도덕적 원칙을 보편타당하게 만들기 위해 필요한 '정신 능력'을 가지고 있지 않다는 점을 중요하게 생각했다.

　《실용적 관점에서의 인간학(1798)》에서 칸트는 인간이란 '비이성적인 동물과는 지위와 존엄성 면에서 엄연히 다르며, 자신의 재량에 따라 신중하게 처신하는 존재'라고 했다.[123] 칸트는 동물을 한낱 미물로 봐야 한다고 주장하면서도 동물이 다른 것과는 **매우** 다른 존재라는 사실을 인정했다.

《윤리학 강의》를 통해 칸트는 어떤 사람이 자신의 개가 필요 없게 되어 총으로 쏜다면 그는 명백히 잘못된 행동을 한 것이라고 했다.[124] 하지만 닳아빠진 신발을 처분하는 사람은 잘못된 행동을 했다고 하지 않는다.

그렇다면 칸트는 왜 개한테 총을 쏘는 행동이 옳지 않다고 했을까? 개는 본래 권리를 갖지 않으므로 개의 권리를 침해한 것은 아니라고 봤다. 칸트는 우리가 개에게 직접적인 의무를 지는 것은 없지만 우리 자신에게 지켜야 하는, 일종의 간접적인 의무를 진다고 했다.

동물을 비인간적으로 취급하는 행위는 우리의 인간성을 파괴하는 행위이므로 우리는 동물을 온당하게 대해야 한다고 했다. 그것이 인간을 온당하게 대하는 능력을 키워주므로 동물을 온당하게 대해야 한다는 것이다. 하지만 동물은 다른 사물과는 지극히 다른 차원의 존재라고 가정해야 사리에 맞다. 재미로 동물을 학대하는 사람이 있다면 누구라도 그 사람의 행동이 도덕적 인격뿐 아니라 동물한테도 잘못된 행동인 것을 바로 알 수 있다. 동물의 도덕적 지위에 관한 칸트의 관점과 레비나스의 관점은 정반대로 보인다.

보비는 레비나스의 얼굴을 보았지만 레비나스는 보비의 얼굴을 보지 못했다. 참 이상한 일이었다. 레비나스가 볼 때 그를 사람으로 대하지 않는 독일군 병사는 보호받아야 할 연약한 존재로서 윤리적 제한 내에 있고, 실제 레비나스를 사람으로 대하는 보비는 동등하게 윤리에 의해 보호받지 못하고 있었으니 말이다. 그러니 레비나스에게 보편타당한 도덕 원칙을 가질 능력이 있고 없고가 어떻게 결정적인 차이가 될 수 있겠는가. 아직 보편타당한 원칙을 가질 능력을 습득하지 못한 어린아이라면 이런 결론을 내리지 않았을 것이다.

레비나스 윤리학의 기본 전제는 윤리적 의식은 타자와 얼굴을 마주하는 가운데 솟아난다고 보는 데 있었다. 상대의 얼굴에 드러나는 이 상처받을 수 있는 연약한 존재의 가능성이 윤리를 생겨나게 하는 근원이라는 것이다. 그래서 우리는 이런 질문을 던지게 된다. 인간만이 얼굴을 가질 수 있는가. 인간만이 윤리를 수용할 수 있는가.

보비가 얼굴을 가지고 있다는 것은 두 눈, 두 귀, 코와 입이 있으니 생각하고 말 것도 없이 분명한 사실이다. 더군다나 보비의 얼굴에는 의식이 결합되어 있다. 보비가 어떻게 레비나스와 다른 유대인을 고귀한 인간으로 인식하는지 레비나스가 묘사한 글을 보면 이 점은 분명해진다. 의식이 없는 존재에 의해 인식이 될 수는 없는 법이다.

그렇다면 보비에게 결여된 것은 무엇인가. 눈 색깔이 다르고 코가 길쭉하다는 점일까? 이에 대해 레비나스는 동물이 얼굴을 가지고 있다는 사실은 부정할 수 없으며, 우리가 개를 이해하는 것도 개의 얼굴을 통해서 가능하다고 믿었다.[125]

레비나스는 동물에게 욕구가 있음을 잘 인지하고 있었다. 인간의 욕구는 문화적으로 판단되다 보니 동물의 욕구보다 명확하게 드러나지 않는다. 그런데 동물의 욕구가 인간의 욕구보다 명백할지라도 공격받을 가능성이 있다는 점에서 본질적으로는 똑같다. 그러나 동물의 얼굴은 인간의 얼굴처럼 '순수한 모습'으로 제시되지 않는다.

레비나스가 봤을 때 동물의 삶은 오로지 생존을 위해 고투하는 데 바쳐진 삶이다. 윤리 밖에 존재하는 삶이며 그로 인해 동물은 우리를 마주할 때 인간과 동일한 윤리적 능력을 가지고 대하지 않는다. 순수하게 타자에 관심을 줄 수 있는 능력이 없는, 아니 순수하게 타자를 위해 타자에 마음을 쓴다는 것이 불가능한 존재라고 레비나스는 생각했다.[126]

동물의 삶이란 '순수한 생명력'으로 이뤄져 있고 동물은 욕구라는 덫에 '잡혀 있는' 존재다. 동물은 전적으로 자기 자신에 의해 둘러싸인 삶을 사는 것이다. 반면 인간성이란 타자를 향해 열려 있는 마음을 그 특징으로 한다. 인간은 자신의 생물학적 실체를 초월할 수 있고, 이는 타자를 위해 자신의 삶을 희생할 가능성을 암시한다.

이런 주장이 좀 의아할 수 있다. 레비나스와 다른 수감자들이 보비의 눈에서 보았던 것은 어떤 이치에 맞는 설명으로도 '생존을 위한 투쟁'이라고 묘사될 수 있는 게 아니었다. 오히려 친절과 헌신의 표정에 훨씬 가까웠다. 열려 있는 마음의 표정이라고나 할까. 레비나스는 보비가 그들을 '환영해주었노라고' 분명하게 적었다. 한편으로 새끼를 위해서 혹은 주인을 위해서 자신의 목숨을 바치는 동물은 어떻게 설명할 것인가.

레비나스가 윤리를 이해했던 식으로 타자의 연약함을 우선으로 두는 윤리학 관점에서, 동물 또한 우리와 마찬가지로 상처받을 가능성이 있다는 사실을 생각할 때 동물을 윤리의 영역 내에 편입시키기에 충분하다고 생각할 수 있다는 점이 중요하다. 레비나스는 덤덤한 말투로 "동물이 고통을 느낄 수 있다는 것은 명백하므로 우리는 동물이 불필요하게 고통받게 해서는 안 된다고, 그리고 그대로 내버려둬야 한다"고 했다.

17장 메타인지 시각에서 바라본 인간 vs. 동물

'동물'이라는 말의 참뜻은 무엇인가. 현대 생물학에서는 일반적으로 동물에 대해 광합성을 할 수 없고, 영양분을 섭취해 장에서 소화시키는 다세포 생물이라고 정의한다. 이 정의에 따르면 아메바는 동물이 아니다.

분류가 애매한 것도 있다. 해면동물(갯솜동물)은 장기나 창자는 없지만 다양한 역할을 하는 각기 다른 세포가 있다는 면에서는 동물로 볼 수 있다. 현재 해면동물은 동물로서 갖춰야 할 몇 가지 기본 특성을 충족시키지 못하지만, 동물로 분류하는 것이 일반적이다.

이렇게 동물과 식물을 나누는, 문제의 소지 없는 완벽한 구분법은 존재하지 않는다. '동물'의 범주가 방대한데도 특성이 다양한 생물체를 모두 동물이라는 범주에 포함시키니 '동물을 이해한다는 것은'이라고 말할 때처럼, 동물이 어떤 균일한 대상이라는 오해를 일으키는 면이 있다.

대부분이 '동물'이란 '인간을 제외한 모든 동물'을 뜻하는 것으로 생각한다. 그렇다면 이것이 동물의 세계를 둘로 나누는 적합한 방법일까? 이 구분법은 인간을 글자 그대로 세상을 전부 가진 유일무이한 존재로 만들지만 움직임이 가능한 다른 모든 생명체를 단일한 무언가로 뭉뚱그려 보게 만든다.

우리가 세상을 볼 때 한편에는 인간, 다른 편에는 동물이 있는 것으로 구분하는 터라 인간 역시 동물이라는 사실을 망각하곤 한다. 동물의 왕국 내에 처음으로 인간을 적절히 배치했던 사람은 다윈이 아니다.

장본인인 카를 폰 린네는 1747년 요한 그멜린에게 보내는 편지에서 자연사를 살펴볼 때 인간과 원숭이 사이에 속 특유의 차이를 찾을 수 없었다고 적었다. 그렇지만 사람과 원숭이를 같은 속으로 분류했다면 교회와 큰 갈등을 일으키게 되는 탓에 박물학자로서 그렇게 분류했어야 했으나 하지 못했다고 털어놓았다.[127] 하지만 우리 인간은 동물의 왕국 어디서도 찾아볼 수 없는 중요한 능력이 있는 희한한 동물이다. 적어도 비슷한 정도의 능력도 찾기 힘든 동물이란 얘기다.

인류는 린네의 동물 분류법을 받아들였고, 18세기에 만들어진 이 분류법을 수정해 오늘날까지 사용하고 있다. 하지만 우리는 완전히 다른 분류법을 쓸 수도 있었을 것이다. 린네 이전에는 이동 방법(기어 다니는지, 걷는지, 헤엄치는지, 날아다니는지), 생활하는 공간(물속인지, 땅 위인지, 공기 중인지), 생김새를 토대로 분류하는 것이 일반적이었다. 이 분류도 그럴듯한 터라 솔직히 나는 고래가 물고기가 아니라는 사실을 아직도 받아들이지 못하고 있다는 걸 고백한다.

그러면 오스트레일리아의 오리너구리는 파충류일까 포유류일까? 어디에 중점을 두느냐에 따라 그 답은 달라진다. 파충류면서 포유류라고 하면 가장 간편할 것이다. 문제는 세계를 논리적인 방법으로 분류하려고 할 때 즉, 어느 동물을 이 범주에 넣을 것인가 **아니면** 다른 범주에 넣을 것인가를 결정해야 할 때 발생한다.

오리너구리를 분류하는 것 자체는 큰 문제가 아니다. 분류는 자의적인 속성을 띠게 마련이다. 우리는 세계를 다른 방식으로 분류하고 선택할 수도 있을 테니 그 분류 방식에는 임의적인 측면이 존재한다. 한쪽에는 동물, 다른 한쪽에는 인간으로 세계를 분류하는 분류 방식도 마찬가지다. 이러한 분류법의 중요한 특징은 이것이 우리가 세상을 경험하는 방식도 결정한다는 점이다. 우리를 제외한 다른 모든 동물이 근본적으로 우리와 다르다는 식으로 세상을 분리함으로써 동물을 본질적으로 우리와 다른 존재로 바라보게 하는 것이다.

궁극적으로 전체는 각각의 개별 존재가 모여서 만들어진다. 같은 종과 품종 내에서도 각 개체는 특성이 다르다. 어떤 개는 용감하고, 어떤 개는 소심하며, 어떤 개는 사교적이지만 어떤 개는 부끄럼을 탄다. 어떤 개는 차분한 반면 어떤 개는 활달하고, 어떤 개는 말을 잘 안 듣고 어떤 개는 고분고분하다.

고양이도 다르지 않다. 라세와 가이르는 같은 유전자를 가진 쌍둥이다. 그래서 라세가 가이르보다 몸집이 훨씬 큰 점을 제외하면 생김새가 거의 똑같았다. 매일 같이 지냈는데도 둘의 성격은 서로 달랐다. '고양이' 같은 일반명사는 이러한 개개의 차이를 가린다. 하지만 세상을 이해하기 위해서, 아니 이런 모든 개별 존재를 전체적으로 파악하기 위해서 우리는 일반화를 사용할 수밖에 없다. 어떤 일반화는 다른 일반화보다 더 적합하기도 하다.

지금껏 무엇으로 인간과 동물을 구분할 수 있는지에 대해 여러 견해가 있었다. 영혼의 존재, 자의식, 최후를 맞을 수밖에 없는 자신의 운명에 대한 인식 여부, 언어, 이해력, 도구의 사용과 제작, 유머 감각, 역사 인식, 미적인 감각, 객관적 실재에 대한 인식 능력, 생각에 대해 생각할 수 있는 능력, 윤리의식 등. 나는 예전에 동물이 무료함을 느낄 수 없을 거라고 생각했다. 그래서 원숭이가 권태감을 느낄 수 있다면 원숭이를 사람으로 간주할 수 있다고 주장했던 괴테의 말에 어느 정도 수긍하는 입장이었다.[128]

이제 나는 원숭이가 따분해할 수 있다는 것을 알고, 다른 많은 종도 그럴 수 있다는 것을 안다. 그렇다고 이런 이유로 그들을 인간으로 생각하겠다는 얘기는 아니다. 인간과 동물을 나누는 경계선은 **거기** 있지 않다. 그렇지만 그것이 어디에 있는지 말하기 어렵다는 것은 잘 알려진 사실이다.

최근에는 인간만이 지니고 있다고 여겨진 고유한 속성 상당수가 다른 많은 동물 종에서도 변형된 형태로 존재한다는 것이 밝혀졌다. 학계에서는 원숭이에게만 그런 특성이 있는 것으로 보았지만, 이후 다른 포유류와 일부 조류 및 다른 종도 이 대열에 합류했다. 그 특성이란 도구를 사용하고, 도구를 제작하고, 수화로 의사소통하고, 가르치고, 미래의 사건을 예측하는 등의 능력이다.

도구를 사용하는 동물의 모습은 광범위하게 관찰할 수 있다. 이집트독수리(이집트대머리수리)는 돌을 이용해 딱딱한 타조알을 깨서 먹는다. 해달은 조개를 벌릴 때 돌멩이를 사용했다.

침팬지는 견과류를 까먹으려고 돌멩이 2개를 망치와 모루처럼 쓰기도 했다.

다윈은 도구를 **만드는** 행위는 인간만이 할 수 있다고 주장했지만, 그 후 이 통념을 뒤집는 증거가 쏟아졌다. 1960년 제인 구달을 통해 탄자니아의 침팬지들이 도구를 사용하고 **만들기도** 한다는 사실이 알려졌을 때 사람들은 놀라움을 금치 못했다. 이후 많은 후속 연구에서 이는 학계의 정설로 굳어졌다.

도구를 만들 때 침팬지는 실질적인 해결책을 찾을 때까지 무턱대고 시도하지 않는다. 한참 숙고한 뒤에 특정 방법을 시도했다. 나뭇잎을 으깨서 스폰지처럼 만들어 나무 구멍 속의 물을 흡수시켜 마시는가 하면, 나뭇가지에서 나뭇잎을 떼어낸 다음 작은 구멍에 찔러넣어 곤충을 잡아먹는다.

놀랍게도 서로 다른 도구를 결합해서 하나는 표면을 뚫는 데, 다른 것은 구멍을 넓히는 데, 또 다른 것은 안에 있는 먹을 것을 꺼내는 데 썼다. 어른 침팬지는 새끼에게 도구 사용법을 가르쳐주기도 했다. 도구를 마련한 다음 쓸 때까지 보관해놓아 어떤 도구를 장차 사용할지 계획을 세우는 것 같은 모습도 보였다.

이런저런 특징으로 국한하면 동물과 인간 사이의 거리는 우리가 생각했던 것보다 더 가깝다. 이런 관점에서 보면 '우리'

와 '그들' 사이의 거리가 이전보다 좁혀졌다고 할 수 있지 않을까. 한편 이 연구를 통해 이런 능력이 인간과 인간 외의 다른 동물에게서 어떻게 다르게 나타나는지, 그 차이에 관해서도 우리는 많은 것을 알게 되었다. 무엇이 인간과 동물을 가르는 중대한 차이점인가에 관한 질문에 답하기 위해서 우리는 아마도 칸트의 주장처럼 모든 다른 철학적 질문에 선행하는, '인간이란 무엇인가'란 질문에 먼저 답해야 할 것이다.

인간만의 고유한 특성이 있다면 어떤 것일까? 유력한 후보 중 하나가 사람이 얼굴을 붉히는 모습이다. 다윈은 이를 '인간이 하는 표현 가운데 가장 특이하고 가장 인간적인 표현'이라고 했다.[129]

종의 차원에서 보았을 때 인간은 당연히 유일무이한 독특한 종이다. 그 어떤 동물도 우리와 많이 닮지 않았다. 하지만 다른 종도 마찬가지다. 고양이 같은 동물이 또 있지 않다. 문제는 우리가 어떤 중대한 점에서 독특한가다.

하나는 도덕적인 행위를 하고 책임을 질 수 있는 능력을 중대한 차이점으로 꼽을 수 있다. 또 다른 하나는 언어 능력이다. 이는 인간을 '언어를 가진 생명'이라고 했던 아리스토텔레스의 정의로 돌아가게 한다.[130] 언어를 사용하는 능력은 사소하지 않은 차이다. 단, 언어가 없다는 것이 의식·사고·감정이 없음을 암시하지는 않는다.

데이비드 흄은 인간의 삶이 특히 도구 같은 것에 전적으로 의존한다는 점에서 인간이 동물과 다르다고 보았다.[131] 인간은 신체적으로 열등한 조건을 타고난 탓에 생존을 위해서보다 발달된 지능이 필수적이었다. 공격에 취약한 존재였던 인간은 도구를 만들고 집을 짓고 옷을 지어 입는 등의 대비를 한 결과 자연의 냉혹함을 극복할 수 있었다.

여기서 혹자는 흄의 주장이 앞뒤 순서가 바뀌었다는 지적을 할지 모르겠다. 인간의 지능이 고도로 발달할 수 있었던 이유는 여러 기술의 발명과 발전 덕분이다. 그 과정에서 우리는 지능의 도움 없이 생존할 수 있는 야생의 능력은 퇴보되었다는 것이다.

어쩌면 우리가 기술을 만든 게 아니라 기술이 우리를 만들어냈다는 말이 맞을 수 있다. 이 기술 덕분에 인간은 지금 같은 생명체가 될 수 있었는지 모른다. 인간이 있기 이전, 적어도 오늘날 같은 인류가 있기 이전에 기술이 있었고, 그 기술은 침팬지가 쓰는 도구처럼 인간의 세계가 아닌 곳에도 존재했다.

우리 조상이 돌을 맞부딪혀 날카로운 돌을 만들기 시작했을 때 그들은 아직 인간이 아니었다. 당시 기술 발전 속도는 오늘날보다 더뎠고, 무려 100만 년의 세월이 흐른 뒤에야 누군가 이 날카로운 돌을 막대기에 붙여 최초의 도끼를 만드는 데 성공했다. 이런 기술 발전은 우리의 지략에 날개를 달아주었고 우리의 뇌는 더욱 커지는 쪽으로 발달할 수 있었다.

인간과 침팬지, 개, 고양이 같은 동물의 공통점이 이 동물과 지렁이 같은 동물의 공통점보다 훨씬 많은 것은 분명해 보인다. 그런데도 인간을 한쪽에 두고, 다른 쪽에 침팬지와 지렁이를 두는 식으로 세계를 구분하는 것은 불공평한 면이 있다. 그렇지만 인간과 인간의 가장 가까운 친척 사이에도 커다란 차이점이 있다는 사실을 과소평가할 수는 없다.

미국의 영장류 동물학자 마크 하우저는 이를 뒷받침하듯 "인간의 인지와 동물, 심지어 침팬지의 인지 사이에 놓인 차이가 침팬지와 딱정벌레의 인지적 차이보다 더 크다는 것을 우리는 결국 알게 될 것"이라고 주장했다.[132]

확신에 찬 이 주장은 우리가 동물을 비교할 때 어떤 식으로 비교해야 하는지 잘 보여준다. 그 차이가 엄청나게 크다는 것도 말이다. 다른 행성에서 방문객이 찾아와 지구상의 모든 생명체를 한눈에 파악한다고 가정해보자. 인간과 그 밖의 동물로, 즉 한쪽 범주에는 인간이, 다른 쪽 범주에는 인간 외 모든 동물이 들어가도록 선명하게 금을 그어 구분해도 큰 오류는 범하지 않을 것이다.

침팬지·참새·연어·벌레가 서로 엄청나게 다르다 해도 이 동물 모두가 소설을 쓰거나 자연법칙을 발견하거나 컴퓨터를 만들거나 원자폭탄을 터트린 적이 없다는 것만큼은 같다. 이 활동 중 어느 하나라도 할 가능성을 떠올릴 수 없다. 어떤 종도 인간만큼 관습과 관행에서 가지각색의 다양한 양상을 보이지 않는다.

반려견 루나에게는 여러 가지 희한한 행동 패턴이 있다. 나는 다른 휘핏을 접하기 전까지 그런 패턴이 우리 개에게만 나타나는 독특한 행동인 줄 알았다. 알고 보니 다른 휘핏에서도 발견되는 행동 특성이었다. 푸들이나 독일셰퍼드와는 다르고 다른 휘핏과는 얼추 비슷했다.

견종별로 나타나는 꽤 일정한 행동은 유전적 형질에서 비롯되었다. 반려견 루나의 행동 습관은 **그렇게** 쉽게 바꿀 수 있는 것이 아니었다. 차이는 개체별·집단별·품종별로 나타나고 같은 종 내에서도 나타난다.

두 침팬지 집단 간 유전적 차이가 있는 것도 아닌데 한 지역의 침팬지에서는 관찰되고 다른 지역 침팬지에서는 나타나지 않는 특징이 있을 수 있다. 이를 문화라고 이름 붙일 수 있다고 주장할 수 있겠지만 그것은 인간에게서 나타나는 문화적·개인적 다양한 양상과는 거리가 있다.

그렇다면 우리와 생물학적으로 가장 가까운 동물은 어느 정도의 능력이 있을까? 일반적으로 성인 원숭이는 기억력과 도구 사용, 인과관계에 대한 이해력 검사에서 2-3살 된 인간 어린아이와 비슷하다. 이 정도도 대단한 성취이지만 성인인 인간의 수준에는 한참 미치지 못한다. 사회적 기술 면에서는 어린아이가 성인 침팬지보다 월등히 뛰어나고, 타인의 제스처와 의도를 파악하는 영역에서도 어린아이가 전적으로 앞섰다.

사람은 다른 사람을 보고 배우는 능력, 특히 타인을 가르치고 타인과 의사소통하는 능력이 있다. 이는 다른 동물 종의 능력을 가볍게 뛰어넘는 압도적으로 우월한 능력이다. 심지어 3-4살 된 어린아이도 다른 사람의 마음을 읽는 것이 가능했다.

아이는 상자가 비어 있다는 것을 알고 있지만, 다른 사람은 상자에 뭔가 들어 있는 것으로 생각할 수 있다는 것을 안다. 침팬지는 이런 사고가 가능해 보이지 않는다. 침팬지가 2살 난 아이와 같은 수준의 성취를 보이는 것이 대단하다고 해도 이때 아이는 학습 과정을 막 시작한 참이고, 침팬지는 자신의 한계치에 도달한 상태라는 사실을 기억해야 한다.

침팬지와 98% 혹은 99% 유전자가 일치한다는 사실은 '인간의 99%가 침팬지'라는 의미가 아니다. 이 %를 신뢰하지 않는 게 좋다. 우리가 보는 % 숫자는 세는 방법에 따라 얼마든지 달라질 수 있다. 보통 94-99%가 나오는데, 75%라는 낮은 수치를 본 적도 있다. 세는 방법을 동일하게 해서 추산해보면 쥐와는 92%, 초파리와는 60%, 바나나와는 약 50%의 DNA가 일치한다. 이 방법으로는 우리 DNA의 98.5%가 침팬지와 일치한다. 사람이 98.5%의 침팬지라고 말할 수 없는 것처럼 사람의 '절반이 바나나'라고 말할 수는 없다.

어떤 두 생물을 비교하는 데 DNA 비교가 전부가 될 수는 없어서 이러한 %는 기본적으로 그다지 많은 정보를 제공하지 않는다고 생각해야 한다. 인간이 원숭이일 수는 없다. 이는 유전학·해부학·심리학의 활용에도 똑같이 적용된다. 원숭이는 나무를 오르도록 만들어졌고, 인간은 땅 위를 걷도록 설계되어 있다. 원숭이도 땅 위를 걸을 수 있고 인간도 나무를 오를 수 있지만, 나무를 오르는 건 우리의 강점일 수 없다.

인간의 협동력은 인간만이 가진 고유한 것이다. 책을 읽기까지 얼마나 많은 사람의 손을 거쳐야 하는지 생각해보자. 저자가 중요하지만, 편집자와 표지 디자이너도 빼놓을 수 없다. 종이를 생산하는 사람, 종이를 인쇄소로 운반하는 사람, 종이에 글자를 인쇄하는 사람, 제본하는 사람이 있어야 한다. 서점과 독자에게 책을 공급하는 일은 더 많은 사람이 관여한다.

이 과정 이전에, 누군가 펜을 만들었다는 사실도 간과할 수 없다. 펜처럼 편리한 뭔가를 만들고 저자의 손에 도달하기까지 필요로 하는 협력의 양은 놀랄 정도다. 그다음에는 손으로 쓴 글을 타이핑하는 데 필요한 컴퓨터와 문서 편집 프로그램을 만든 사람이 있어야 한다. 독자가 손에 책을 쥘 때까지 필요로 하는 협동 작업의 총량은 어마어마하다.

다른 동물 종은 복잡다단한 작업을 협력해 수행할 수 없고 많은 절차를 거쳐서 물건을 만들 수 없다. 지구상에는 수백만 종이 있고 이들 중 상당수가 둥지나 개미무덤 혹은 둑을 만든다. 우리가 눈으로 본 것처럼 도구를 사용하거나 심지어 만들기도 했다. 이렇게 많은 종이 놀랍고도 환상적인 수준의 지능을 우리에게 보여주지만, 인간과 인간 이외 동물 간의 차이는 지대했다.

인간다움을 이루는 것은 다른 동물 종의 행동보다 월등히 뛰어난 각양각색의 행동이었다. 다른 동물 종에서 발견되는 행동상의 차이는 주로 유전적인 동일성 여부에 따라서 설명할 수 있지만, 항상 그런 것은 아니었다. 유전적으로 차이가 거의 없는 두 집단이 서로 다른 장소에 각각 사는 경우 서로 다른 행동이 발견되기도 해서다.

우리는 동물이 어떻게 특정한 전통을 한 세대에서 다음 세대로 전수하는지 논의해볼 수 있지만, 이는 인간 사회에서 관찰할 수 있는 복잡한 수준과는 비교도 되지 않는다. 전반적으로 사람과 사람 사이에는 유전적 차이가 매우 작지만, 행동에서의 차이는 매우 크다. 우리는 이럴 수도 저럴 수도 있는 유연한 존재다.

데이비드 흄은 인간과 그 외 동물 사이에 존재하는 유사성에 관심을 두었으나 그 차이를 몰랐던 건 아니다. 흄이 정확히 '메타인지'라는 말을 쓴 것은 아니지만 인간과 동물을 가르는 가장 중요한 차이는 인간만이 가진 '메타인지'를 꼽을 수 있을 것이다. 여기서 동물이 여러 마음의 상태를 **가질** 수 있다 해도 그런 상태에 대해 **성찰할** 수는 없다는 점이 중요하다.

개 자신이 실망할 수도 있고 주인이 실망한 것을 알 수도 있지만, 자신이 실망한 것과 주인이 실망한 것을 성찰의 대상으로 삼을 수는 없다는 얘기다. 사람은 완전하지 않을지라도 자기 자신과 개를 다 이해할 수 있는 능력이 있다. 엄밀히 말해 개는 주인도 자기 자신도 이해할 수 없다.

당신이 실의에 찬 상태로 술집에 앉아 술잔을 바라보며 "아내가 나를 몰라줘"라고 중얼거린다면 그 말은 아마도 아내가 당신을 이해하기는 하지만 그녀가 생각하는 만큼 당신을 잘 이해하지 못하고 다른 사람보다는 잘 이해한다는 의미일 것이다. 반면 똑같이 술잔을 지그시 응시하며 "우리 개는 나를 몰라줘" 하고 중얼거린다면 다소 부담스러운 발언이지만 이는 당신의 개가 당신의 감정을 형성하는 데 참여하고 있으며 이 자체로 당신을 이해하고 있음을 드러낸다.

인간만이 인간이 될 수 있다. 하지만 좋아하고, 고통을 느끼고, 배고픔을 느끼고, 혐오감을 느끼고, 뭔가를 갈망하고, 사랑을 할 수 있는 것은 인간만이 아니다. 이 지점에 우리가 함께 하는 세상을 만들어갈 수 있는 중대한 가능성이 깃들어 있다.

18장 인간과 동물, 그 우정에 관하여

　　프랑스 철학자 자크 데리다는 강의 중에 "어느 날 아침, 욕실에서 옷을 벗고 서 있는데 고양이가 빤히 쳐다보자 그 시선에 부끄러움을 느꼈고 그 사실에 놀라워했다"라는 이야기를 한 적이 있다.[133]

　　반려견과 반려묘를 키우는 사람 중에도 이런 경험을 해본 사람이 있을 듯싶다. 데리다의 이야기에는 생각할 거리가 담겨 있다. 동물이 우리를 쳐다볼 수도, 뒤돌아볼 수도 있고 말을 걸기도 하고 심지어 원망하는 눈초리로 쳐다볼 수 있다. 그래서 부끄러운 마음이 들게도 할 수 있다는 것을 말이다. 뭔가를 말하려는 것 같은 동물의 시선을 마주할 때 동물은 그 순간 '동물'이 아니라 '우리'한테 속하는 어떤 존재가 된다.

사람은 동물과 친구가 될 수 있을까? '우정'이란 단어를 생각하기에 따라 가능할 수 있다. 아리스토텔레스는 "모든 형태의 우정에는 서로에게 확연하게 친절한 마음이 깃들어 있고, 친구인 사람끼리는 서로가 잘되기 바라는 마음이 있다"라고 했다.[134]

아리스토텔레스는 우정을 3가지 유형으로 나눴다. 첫째, 서로에게 이익을 얻기 바라는, 효용성을 추구하는 우정이다. 둘째, 같이 있으면 마냥 편하고 즐거운, 즐거움을 위한 우정이다. 셋째, 가장 높은 수준의 우정은 덕이 있는 우정으로, 서로의 행복을 기원하고 서로가 지닌 덕을 존경하는 우정이다. 칸트는 우정에 대해 동등한 상호 간의 사랑이 가장 수준 높은 형태로 나타난 것이라고 설명했다.[135]

칸트도 부분적으로 아리스토텔레스와 비슷한 방법으로 우정을 몇 유형으로 나눴다. 칸트가 제시한 필요성의 우정과 취향의 우정은 아리스토텔레스가 말한 효용성을 추구하는 우정과 즐거움을 위한 우정에 해당한다. 칸트는 두 사람이 서로의 생각·비밀·감정을 드러내는 데 완전한 신뢰가 있는 우정이 가장 중요한 우정이라고 강조했다.[136]

아리스토텔레스와 칸트 둘 다 인간과 동물의 관계를 우정의 관계에서 바라볼 생각은 하지 못했을 것이다. 동물에게는 언어와 이성이 결여되어 있어 그런 관계는 불가능하다고 생각했을 테니 말이다.

하지만 나는 꼭 그렇게만 보지 않는다. 언어와 이성이 없는 상태에서는 기본적으로 언어를 통한 의견 교환을 기반으로 하는, 아리스토텔레스와 칸트가 기술한 이상적인 우정을 쌓을 수 없다. 언어가 없으면 윤리적 가치에 대한 생각을 교환할 수도, 비밀을 공유할 수도 없다. 하지만 다른 유형의 우정, 즉 효용성과 즐거움의 우정은 꼭 그렇지만은 않다.

우리가 동물과 맺는 관계는 단지 우리의 감정적 부족분을 채우는 것 이상의 무언가가 있다. 동물이 필요로 하는 것과 편안하게 살려는 욕구를 이해하는 데서 시작되는 보살핌의 요소도 있다. 고양이가 우리의 무릎에 올라가 기지개를 켜고 둥글게 몸을 말고는 발톱을 뺐었다 오므리며 가르랑거린다면 기분 좋은 상태라는 표시다. 늘 우리 무릎에 올라가려 한다면 고양이가 우리를 좋아하거나 사랑한다는 뜻으로 봐도 무방하다.

간혹 이렇게 말하는 사람도 있다. 사람은 동물의 의식 속에서 무슨 일이 일어나는지 알 수 없고 동물이 언어를 알지도 못하기에, 인간과 동물이 나눌 수 있는 것은 그리 많지 않다고 말이다. 사실이다. 하지만 사람과 사람 사이에도 공유할 수 없는 것이 얼마나 많은가. 다른 사람이 머릿속에서 무슨 생각을 하는지 우리는 또 얼마나 알 수 없는가. 가까운 친구나 사랑하는 사람과 함께 어떤 경험을 하고 있을 때조차 우리에게는 혼자만의 경험, 아니 밖으로 전할 수 없는 경험이 존재한다.

우리는 슬플 때 슬프다는 **사실**을 타인에게 전달할 수 있지만, 이 슬픔이 정확히 **어떻게** 느껴지는지 전부 놓치지 않고 전달할 수 있는 건 아니다. 주변 사람 대부분이 알아차리지 못한 슬픔을 반려견이 오히려 알아차릴 수 있다.

개는 우리의 슬픔에 대해 생각할 수는 없어도 마치 함께 슬픔을 나누고 있다는 느낌이 들 정도로 그 슬픔에 반응할 수는 있다. 우리가 행복할 때도 비슷하다. 하지만 한계가 있다. 인간 친구는 우리 때문에 그 자신이 슬퍼하거나 행복해할 수 있지만 개나 고양이는 그렇게 할 수 없다.

인간과 다른 동물 사이에 결정적인 차이가 있을지라도 동물의 삶과 인간의 삶을 가르는 경계는 일직선으로 반듯하게 그을 수 있는 어떤 것이 아닐 수 있다. 우리에게 동물의 삶은 닫혀 있지 않다. 동물을 이해하는 것을 배우는 것은 자기 자신을 이해하는 것을 배우는 것이다. 적어도 자신이 지닌 중요한 특성을 말이다. 그것은 자신에게서 동물적인 측면을 보는 법을 배우는 것만이 아니라 동물에게서 인간적인 측면을 보는 법을 배우는 것이기도 하다.

우리 집 반려견과 반려묘와 맺었던 관계는 내가 다른 사람과 맺고 있거나 맺었던 관계의 불완전한 버전이거나 하위 버전이 아니다. 동물은 인간과 워낙 다른 존재인 까닭에 동물과 인간이 맺는 관계도 **다를** 수밖에 없다.

나는 개나 고양이가 느낄 수 없는 수치심이나 시기심 같은 감정을 느낄 수 있다. 그러나 내가 느끼지 못하는 감정을 개나 고양이가 느낄 가능성이 더 클 수 있다. 내가 느끼지 못하니까 동물이 그런 감정이 있다는 사실도 알지 못하는 것일 수 있어서다. 동물은 그렇게 언제까지고 알 수 없는 존재로 남을 것이다. 그럼에도 인간과 동물의 감정 세계 사이에는 겹쳐지는 부분이 제법 많은데, 이 지점에 동물을 설명하는 것이 아닌 **이해할** 가능성이 존재한다.

어떤 종을 알면 알수록 우리는 그 종을 이루는 각 구성원을 하나의 독립된 존재로 보게 된다. 어떤 개체도 서로 똑같지 않다. 의식이 발달한 동물일 경우 이런 현상은 두드러져서 개성 혹은 성격의 요소를 발견하게 된다. 거기에 비로소 **어떤 누군가**가 등장하게 되며, 이 **어떤 누군가**는 그 밖의 모든 사람과 다른 어떤 존재가 된다.

동물과 인간이 함께 어우러져 살아가며 의사소통을 발전시키는 과정에서 공통의 세계가 구축된다. 그 속에서 동물은 사람을 알아가고 사람은 동물을 알아간다. 인간이 속한 세계의 상당 부분은 언제까지나 동물이 함께할 수 없는 영역으로 남을 것이고 그 반대도 마찬가지일 것이다. 하지만 우리가 함께 살아감으로써 공유되는 세계는 점점 커져간다.

이 책은 동물과 유례없이 친밀한 관계를 맺었던, 어린 내게 동물을 이해하는 법을 가르쳐주었던 어머니에게 바치는 책이다. 내가 어머니에게 배웠던 것은 무엇인가. 어머니는 기다리는 법과 동물이 먼저 다가오게 하는 법, 동물의 소리를 **듣는** 법과 특히 동물을 **보는** 법을 가르쳐주었다. 동물이 행동으로 자신을 드러낼 수 있게 하는 법도 알려주었다. 어머니는 동물을 향해서 차분함과 열린 마음을 지녀야 한다고 일러주었다. 그것이 있으면 동물에 대한 이해의 문이 열린다는 것도 말이다.

감사의 글

지금껏 나와 함께했던 반려묘 피아·프리초프·아스토르·라세·가이르와 반려견 루나에게 고마움을 전한다. 유익한 조언과 뜨거운 응원을 아끼지 않으며 집필에만 매달린 나를 묵묵히 지켜봐준 시리 설리와 이븐 설리에게도 진심으로 감사의 마음을 전한다. 원고를 검토하고 친절한 조언을 아끼지 않은 요아킴 보텐, 엘링 카게, 에릭 토스텐슨, 에스펜 감룬드, 레나 르네플로트, 다그 헤슨에게도 감사의 말을 전하고 싶다.

참고문헌

1   Stephen Jay Gould: *Leonardo's Mountain of Clams and the Diet of Worms: Essays on Natural History*, Cambridge MA: Harvard University Press 1998, p.376.

2   Martin Heidegger: *Prolegomena zur Geschichte des Zeitbegriffs*, Frankfurt a.M.: Klostermann 1988, p.409f.

3   Ludwig Wittgenstein: *Culture and Value*, trans. Peter Winch, Blackwell, 1998, p.24.

4   Cf. Wittgenstein: *Philosophical Investigations*, trans. G. E. M. Anscombe, Basil Blackwell, 1986, p.223.

5   For a good account of these signs, see Genevieve von Petzinger: *The First Signs: Unlocking the Mysteries of the World's Oldest Symbols*, New York/ London: Atria Books 2016.

6   Cf. Wittgenstein: *Philosophical Investigations*, p.206.

7   Wittgenstein: *Philosophical Investigations*, p.223.

8   Franz Kafka: A Report to an Academy, in *The Metamorphosis and Other Stories*, trans. Willa & Edwin Muir, New York: Schocken 1995.

9   Immanuel Kant: *Anthropology From a Pragmatic Point of View*, trans. Robert B. Louden Cambridge: Cambridge University Press 2006, p.233n.

10 Julien Offrav de La Mettrie: *Machine Man and Other Writings*, trans. Ann Thomson, Cambridge/New York: Cambridge University Press 1996, p.11f.

11 For a good, summarised overview and discussion around the research into the language of apes, see John Dupré: Conversations with Apes, in *Humans and Other Animals*, Oxford: Clarendon Press 2006, chap.11.

12 Cf. Kevin N. Laland: *Darwin's Unfinished Symphony: How Culture Made the Human Mind*, Princeton/Oxford: Princeton University Press 2017, p.178.

13 Marc D. Hauser, Noam Chomsky and W. T. Fitch: The faculty of language: what is it, who has it, and how did it evolve *Science* 298/2002.

14 Cf. Ernst Cassirer: *An Essay on Man: An Introduction to a Philosophy of Human Culture*, New Haven: Yale University Press 1944.

15 Ludwig Wittgenstein: *Philosophical Occasions 1912–1951*, Indianapolis & Cambridge: Hackett Publishing Company 1993, p.394

16 Wittgenstein: *Philosophical Investigations*, p.206.

17 Ludwig Wittgenstein: *Zettel, Werkausgabe, Bd. 8*, Frankfurt a.M.: Suhrkamp

1984, p.567.

18 Wittgenstein: *Philosophical Investigations*, p.178.

19 Wittgenstein: *Philosophical Investigations*, p.357.

20 Cf. Wittgenstein: *Philosophical Investigations*, p.223.

21 Wittgenstein: *Philosophical Investigations*, p.213.

22 David Hume: *A Treatise of Human Nature*, London: Penguin 1984, p.316.

23 Wittgenstein: *Philosophical Investigations*, p.647.

24 Cf. Wittgenstein: *Philosophical Investigations*, p.580.

25 Ludwig Wittgenstein: *Bemerkungen über die Philosophie der Psychologie II, Werkausgabe Bd. 7, Frankfurt a.M. 1984*, p.570. Cf. Wittgenstein: *Zettel*, p.225.

26 Cf. Wittgenstein: *Philosophical Investigations*, p.303.

27 Maurice Merleau–Ponty: *Phenomenology Of Perception*, trans. Colin Smith, p.184.

28 Wittgenstein: *Zettel*, p.526.

29 Wittgenstein: *Bemerkungen über die Philosophie der Psychologie II*, p.328.

30 Wittgenstein: *Zettel*, p.520.

31 Gregory Berns: *What It's Like to Be a Dog: and Other Adventures in Animal Neuroscience*, New York: Basic Books 2017.

32 Michael S. Gazzaniga: *Who's in Charge? Free Will and the Science of the Brain*, HarperCollins, New York 2011, p.190.

33 Adam p.Steiner & A. David Redish: Behavioral and neurophysiological correlates of regret in rat decision–making on a neuroeconomic task, *Nature Neuroscience* 17/2014.

34 Conwy Lloyd Morgan: *An Introduction to Comparative Psychology*, London: W. Scott 1894, p.53.

35 Conwy Lloyd Morgan: *Animal Life and Intelligence*, London: Arnold 1890–1891, p.398f.

36 Frans B. M. de Waal: Anthropomorphism and Anthropodenial: Consistency in Our Thinking about Humans and Other Animals, *Philosophical Topics* 27 (1)/1999.

37 Zana Bahlig–Pieren & Dennis C. Turner: *Anthropomorphic Interpretations and Ethological Descriptions of Dog and Cat Behavior by Lay People*, Anthrozos 12/4 1999.

38 Hume: *A Treatise of Human Nature*, p.226.

39 Daniel Dennett: True Believers, in *The Intentional Stance*, Cambridge MA: MIT Press 1987.

40 Fritz Heider & Marianne Simmel: An Experimental Study of Apparent Behavior, *The American Journal of Psychology* 57 (2)/1944.

41 René Descartes: *The Philosophical Writings of Descartes, Vol. III: The Correspondence*, trans. John Cottingham et al, Cambridge: Cambridge

University Press 1991, p.100, 203f.

42 Descartes: *The Correspondence*, p.99.

43 René Descartes: *The Philosophical Writings of Descartes. Vol. I*, translated by John Cottingham et al, Cambridge: Cambridge University Press 1985, p.139ff.

44 Descartes: *The Correspondence*, p.304.

45 Descartes: *The Correspondence*, p.61f.

46 Descartes: *The Correspondence*, p.148f.

47 Descartes: *The Correspondence*, p.365.

48 Peter Carruthers: Brute experience, *The Journal of Philosophy* 86 (5)/1989.

49 Immanuel Kant: *Träume eines Geistersehers, erläutert durch Trume der Metaphysik, in Kants gesammelte Schriften*, Vol. II, Berlin: de Gruyter, 1902–, s. 324f.

50 Peter Godfrey—Smith: *Other Minds: The Octopus, the Sea, and the Deep Origins of Consciousness*, New York: Farrar, Straus and Giroux 2016.

51 Ned Block: Consciousness, in Richard L. Gregory (red.): *The Oxford Companion to the Mind*, 2. ed., Oxford: Oxford University Press 2004.

52 Melvyn Goodale & David Milner: *Sight Unseen: An Exploration of Conscious and Unconscious Vision*, 2. ed., Oxford: Oxford University Press 2017.

53 For example see Michael Tye: *Tense Bees and Shell—Shocked Crabs: Are Animals Conscious?*, Oxford: Oxford University Press 2017.

54 Cf. Adriana S. Benzaqun: *Encounters with Wild Children: Temptation and Disappointment in the Study of Human Nature*, McGill—Queen's University Press, Montreak & Kingston/London/Ithaca 2006.

55 Hans—Georg Gadamer: *Wahrheit und Methode. Grundzüge einer philosophischen Hermeneutik. Gesammelte Werke Band 1*, Tübingen, J. C. B. Mohr 1990, p.392.

56 Laasya Samhita & Hans J. Gross: The 'Clever Hans Phenomenon' revisited, *Communicative and Integrative Biology* 6 (6)/2013.

57 Cf. Carl Safina: *Beyond Words: What Animals Think and Feel*, New York: Picador 2015, p.203.

58 Cf. Clive D. L. Wynne & Monique A. R. Udell: *Animal Cognition: Evolution, Behavior and Cognition*, 2. ed., London: Palgrave 2013, p.41.

59 Alex Thornton & Katherine McAuliffe: Teaching in Wild Meerkats, *Science* 313/2006.

60 Immanuel Kant: Logik, in *Kants gesammelte Schriften*. Vol. XVI, Berlin/New York: de Gruyter, 1902–, Reflexion 3444.

61 Alex Thornton & Dieter Lukas: Individual variation in cognitive performance: developmental and evolutionary perspectives, *Philosophical Transactions of the Royal Society B* 367/2012.

62 Alex Thornton & Dieter Lukas: *Ibid.*

63 Wynne & Udell: *Animal Cognition*, p.174.

64 Wynne & Udell: *Animal Cognition*, p.175f.

65 Kant: *Anthropology From a Pragmatic Point of View*, p.1.

66 Kant: *Kritik der Urteilskraft, in Kants gesammelte Schriften*. Bd. V, Berlin/New York: de Gruyter, 1902—, p.464. Anthropologie 212.

67 Søren Aabye Kierkegaard: *Sygdommen til døden, Samlede Verker, Vol. XI*, 2. ed. København: Gyldendal, 1923, p.143.

68 Seneca: *Selected Philosophical Letters*, translated by Brad Inwood, Oxford/New York: Oxford University Press 2007, p.102.

69 Henri Bergson: *Matter and Memory*, translated by Nancy Morgan Paul & W. Scott Palmer, New York: Zone Books 1991, p.82f.

70 Cf. Frans de Waal: *Are We Smart Enough to Know How Smart Animals are?*, London: Granta Books 2016, p.119f.

71 Mathias Osvath: Spontaneous planning for future stone throwing by a male chimpanzee, *Current Biology* 19 (5)/2009.

72 Michel Jouvet: Behavioural and eeg effects of paradoxical sleep deprivation in the cat, *Excerpta Medica International Congress Series No.87 Proceedings of the XXIIIrd International Congress of Physiological Sciences*, Tokyo 1965 (1960).

73 Nicola S. Clayton & Anthony Dickinson: Episodic—like memory during cache recovery by scrub jays, *Nature* 395/1998.

74 Homer: *The Odyssey*, trans Emily Wilson, New York/London: Norton 2017, Book 17:290—327.

75 Wilhelm Dilthey: *Der Aufbau der geschichtlichen Welt in den Geisteswissenschaften*. Frankfurt am Main: Suhrkamp 1970.

76 Wilhelm Dilthey: *Logik und System der philosophischen Wissenschaften: Vorlesungen zur erkenntnistheoretischen Logik und Methodologie*, Göttingen: Vandenhoeck & Ruprecht 1990, p.345.

77 Gadamer: *Wahrheit und Methode*, p.457, cf. p.447.

78 Martin Heidegger: *Die Grundbegriffe der Metaphysik. Welt Endlichkeit Einsamkeit*. (1929—1930) Klostermann, Frankfurt a.M. 1992, p.409.

79 Heidegger: *Grundbegriffe der Metaphysik*, p.42.

80 Heidegger: *Grundbegriffe der Metaphysik*, p.384, 416.

81 Martin Heidegger: *Sein und Zeit*. Tübingen: Niemeyer 1986, p.68.

82 Heidegger: *Sein und Zeit*, p.161.

83 Heidegger: *Prolegomena zur Geschichte des Zeitbegriffs*, p.373.

84 Heidegger: *Sein und Zeit*, p.157.

85 Donald Griffin: *Animal Minds*, Chicago: University of Chicago Press 1992.

86 Jf. Martin Heidegger: *Einführung in die phnomenologische Forschung*, Frankfurt a.M.: Klostermann, 1994, p.22.

87 Martin Heidegger: *Wegmarken*, Frankfurt a.M.: Klostermann 1976, p.313, 333.

88 Heidegger: *Heraklit*, Frankfurt a.M.: Klostermann 1979, p.217.

89 Heidegger: *Sein und Zeit*, p.141.

90 Martin Heidegger: *Nietzsche, Erster Band*, Pfullingen: Neske 1989, p.119.

91 Max Scheler: *Wesen und Formen der Sympathie*, 2. ed., Bonn: Friedrich Cohen 1923.

92 The presentation of Uexküll is mainly based on *Kompositionslehre der Natur: Biologie als undogmatische Naturwissenschaft*. Frankfurt a.M./Berlin/Wien: Propyläen Verlag 1980.

93 Montaigne: An Apology for Raymond Sebond, in *The Complete Essays*, trans M.A. Screech, London,. Penguin 2003.

94 Friedrich Nietzsche: Philosophy and Truth. *Selections from Nietzsche's Notebooks of the early 1870's*. Ed & Trans. Daniel Breazeale. London: Humanities Press International 1990, p.86.

95 Plato: *Theaetetus*, trans M.J. Levett, Indianapolis/Cambridge: Hackett 1992, 152a.

96 Platon: *Theaetetus*, 161c.

97 Charles Foster: *Being a Beast*, London: Profile Books 2016.

98 Thomas Nagel: What Is It Like to Be a Bat?, *The Philosophical Review* 83 (4)/1974.

99 Jaak Panskepp: *Affective Neuroscience: The Foundations of Human and Animal Emotions*, Oxford: Oxford University Press 1998.

100 Cf. Aaron Ben-Ze'ev: *The Subtlety of Emotions*, Cambridge MA/London: The MIT Press 2000.

101 Mietje Germonpréa et al.: Fossil dogs and wolves from Palaeolithic sites in Belgium, the Ukraine and Russia: osteometry, ancient DNA and stable isotopes, *Journal of Archaeological Science* 36 (2)/2009.

102 Krista Macpherson and William A. Roberts: Do Dogs (Canis familiaris) Seek Help in an Emergency?, *Journal of Comparative Psychology* 120 (2)/2006.

103 Montaigne: Apology for Raymond Sebond.

104 Jean-Denis Vigne et al.: Early taming of the cat in Cyprus, *Science* 304 (259)/2004.

105 Cf. Abigail Tucker: *The Lion in the Living Room*, New York: Simon & Schuster 2016.

106 The account of the octopus is particularly indebted to Peter Godfrey-Smith: Other Minds: *The Octopus, the Sea, and the Deep Origins of Consciousness*. I've also learnt a great deal from Sy Montgomery: *The Soul of an Octopus: A Surprising Exploration into the Wonder of Consciousness*, New York: Simon & Schuster 2015.

107 Johan Huizinga: *Homo ludens*, London: Routledge 1980, p.2.

108 Denise Aydinonat et al.: Social Isolation Shortens Telomeres in African Grey

Parrots (Psittacus erithacus erithacus), *PLoS One* 9 (4)/2014.

109 Akiko Koto & Brian Hollis: Social isolation causes mortality by disrupting energy homeostasis in ants, *Behavioral Ecology and Sociobiology* 69 (4)/2015.

110 Cf. Lars Svendsen: *A Philosophy of Loneliness*, trans Kerri Pierce, London: Reaktion Books 2017.

111 Cf. Barbara J. King: *How Animals Grieve*, Chicago: University of Chicago Press 2013.

112 Frans de Waal: *The Bonobo and the Atheist: In Search of Humanism among the Primates*, New York: W. W. Norton, 2013, p.210.

113 Sigmund Freud: Trauer und Melancholie, *Essays* II, Berlin: Verlag Volk und Welt 1989, p.104f.

114 Jane Goodall: *Through a Window: My Thirty Years with the Chimpanzees of Gombe*, Boston: Houghton Mifflin 1990, p.196.

115 Stanley Wechkin, J. H. Masserman & W. Terris: Shock to a conspecific as an aversive stimulus, *Psychonomic Science* 1/1964.

116 Russell M. Church: Emotional reactions of rats to the pain of others, *Journal of Comparative and Physiological Psychology* 52 (2)/1959.

117 A comprehensive historical overview, containing numerous fascinating legal documents from these animal court trials, can be found in Edward Payson Evans's *The criminal prosecution and capital punishment of animals*, London: Heinemann 1906. A more recent account and discussion can be found in Jen Girgen's The historical and contemporary prosecution and punishment of animals, in *Animal Law* 2003.

118 Jf. Marc Hauser: *Wild Minds: What Animals Really Think*, New York: Henry Holt & Company, 2000, p.120.

119 Charles Darwin: *The Descent of Man and Selection in Relation to Sex*, bd. 1, Princeton: Princeton University Press 1981, s. 88f.

120 Frans de Waal: *Good Natured: The Origins of Right and Wrong in Humans and Other Animals*, Cambridge MA: Harvard University Press 1997, p.209.

121 Hume: *A Treatise of Human Nature*, Book 3.1.1.

122 Emmanuel Levinas: The Name of a Dog, or Natural Rights, in *Difficult Freedom: Essays on Judaism*, translated by Seán Hand, Baltimore, MA: Johns Hopkins University Press 1997.

123 Kant: *Anthropology From a Pragmatic Point of View*, p.1.

124 Immanuel Kant: *Vorlesungen über Ethik, i Kants gesammelte Schriften*, Vol. XXVII, Berlin/New York: de Gruyter, 1902–, p.212.

125 Robert Barnasconi & David Woods (red.): *The Provocation of Levinas: Rethinking the Other*, London/New York: Routledge 1998, p.169.

126 Emmanuel Levinas: *Of God Who Comes to Mind*, translated by Bettina Bergo, Stanford: Stanford University Press 1998, p.152f.

127 Carl von Linné: Letter to Johann Georg Gmelin 25th. February 1747. http://linnaeus.c18.net/Letters/display_txt.php?id_letter=L0783.

128 Johann Wolfgang von Goethe: *West-östlicher Divan, Epen. Maximen und Reflexionen, Goethes poetische Werke zweiter Band*, Stuttgart: Cotta'sche Buchhandlung 1950, s.791.

129 Charles Darwin: *The Expression of the Emotions in Man and Animals*, Cambridge: Cambridge University Press 2009, ch. 13.

130 Aristoteles: *Politics*, trans. E. Barker, Oxford: Oxford University Press 2009, 1253a.

131 Hume: *A Treatise of Human Nature*, p.226.

132 Cf. de Waal: *Are We Smart Enough*, p.121.

133 Jacques Derrida: *The Animal That Therefore I Am*, trans. by David Wills, New York: Fordham University Press 2008.

134 Aristoteles: *Nicomachean Ethics*, trans. T. Irwin, Indianapolis/Cambridge: Hackett 1999, 1156a9.

135 Kant: *Vorlesungen über Ethik*, p.423.

136 Immanuel Kant: *Metaphysik der Sitten, in Kants gesammelte Schriften*, bind VI, de Gruyter, Berlin/New York 1902-, p.471.

KI신서 10050

비트겐슈타인의 사자와 카프카의 원숭이

1판 1쇄 인쇄 2022년 2월 9일
1판 1쇄 발행 2022년 2월 9일

지은이 라르스 스벤젠
옮긴이 김강희
펴낸이 김영곤
펴낸곳 (주)북이십일 21세기북스

정보개발팀 장지윤
표지디자인 김미정 **본문디자인·교정** 제이알컴
해외기획실 최연순
출판마케팅영업본부 본부장 민안기
마케팅1팀 배상현 한경화 김신우 이보라
출판영업팀 김수현 최명열
제작팀 이영민 권경민

출판등록 2000년 5월 6일 제406-2003-061호
주소 (10881) 경기도 파주시 회동길 201(문발동)
대표전화 031-955-2100 **팩스** 031-955-2151 **이메일** book21@book21.co.kr

(주)북이십일 경계를 허무는 콘텐츠 리더

21세기북스 채널에서 도서 정보와 다양한 영상자료, 이벤트를 만나세요!
페이스북 facebook.com/jiinpill21 **포스트** post.naver.com/21c_editors
인스타그램 instagram.com/jiinpill21 **홈페이지** www.book21.com
유튜브 youtube.com/book21pub

당신의 인생을 빛내줄 명강의! 〈유니브스타〉
유니브스타는 〈서가명강〉과 〈인생명강〉이 함께합니다.
유튜브, 네이버, 팟캐스트에서 '유니브스타'를 검색해보세요!

ISBN 979-89-509-9882-0 03100